# 数学思想
# 统领下的
# 结构化教学

张立铄　　　　　著

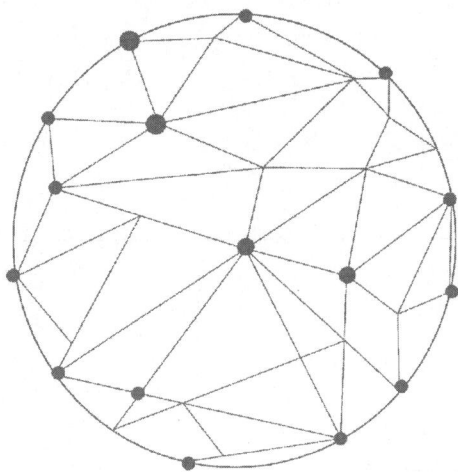

海峡出版发行集团 | 福建教育出版社
THE STRAITS PUBLISHING & DISTRIBUTING GROUP

**图书在版编目（CIP）数据**

数学思想统领下的结构化教学/张立铄著. —福州：
福建教育出版社，2025.6. —ISBN 978-7-5758-0431-8

Ⅰ. G623.502

中国国家版本馆 CIP 数据核字第 2025TQ0851 号

**数学思想统领下的结构化教学**

张立铄　著

| | | |
|---|---|---|
| **出版发行** | 福建教育出版社 | |
| | （福州市梦山路 27 号　邮编：350025　网址：www.fep.com.cn | |
| | 编辑部电话：0591-83726908 | |
| | 发行部电话：0591-83721876　87115073　010-62024258) | |
| **出 版 人** | 江金辉 | |
| **印　　刷** | 福州印团网印刷有限公司 | |
| | （福州市仓山区建新镇十字亭路 4 号） | |
| **开　　本** | 710 毫米×1000 毫米　1/16 | |
| **印　　张** | 11.25 | |
| **字　　数** | 153 千字 | |
| **插　　页** | 1 | |
| **版　　次** | 2025 年 6 月第 1 版　　2025 年 6 月第 1 次印刷 | |
| **书　　号** | ISBN 978-7-5758-0431-8 | |
| **定　　价** | 32.00 元 | |

如发现本书印装质量问题，请向本社出版科（电话：0591-83726019）调换。

# 序　言

在新时代基础教育课程改革纵深推进的背景下,《义务教育数学课程标准（2022年版）》明确提出,数学教育应着力培养学生用数学的眼光观察世界、用数学的思维思考世界、用数学的语言表达世界的能力。这一目标不仅指向学科核心素养的培育,更对课堂教学的深度转型提出了迫切需求。如何以数学思想为引领,打破知识碎片化的桎梏,构建具有整体性、逻辑性与生长性的结构化教学体系,成为当前数学教育研究与实践的重要命题。张立铄校长及其团队深耕小学数学教育领域二十八载,以《数学思想统领下的结构化教学》一书对此作出了系统性回应,其研究成果既具有理论前瞻性,又彰显了实践生命力,令人欣喜。

张立铄校长从一线教师到学校管理者,他始终扎根课堂,以敏锐的问题意识与执着的探索精神推动教学改革。本书的诞生,源于他对小学数学教育本质的深刻洞察——数学思想是学科的灵魂,而结构化是实现知识向素养转化的关键路径。书中,他带领团队以教材为基点,以学情为依托,通过"数学思想"与"结构化"的双向融合,构建了"思想为魂、结构为脉、素养为核"的教学范式。这一主张不仅厘清了数学思想与知识体系的内在关联,更通过丰富的课例呈现了从"教知识"向"育思维"跨越的具体策略,为一线教师提供了可借鉴、可迁移的操作框架。

通览全书,三个维度的创新尤为突出:其一,理论建构的系统性。作者以数学抽象、逻辑推理、数学模型等核心思想为主线,贯通数与代数、图形与几何、统计与概率等知识领域,揭示了小学数学教材中隐性的思想脉络与显性的结构特征,形成了"思想统领—整体设计—分层递进"的教学逻辑。其二,实践策略的针对性。作者以"深度解读教材—一课多轮探索—分领域提炼策略"为主线，构建了"理论—设计—实施—评价—反思—推广"的闭环实践模型。其中，"一课多轮"的探索尤为亮眼：从前测诊断学情到后测验证效果，从"初试—反思—重建"的螺旋上升到"从一节课到一类课"的经验迁移。这种将数学思想具象化为教学行为的设计智慧，为破解"核心素养落地难"提供了新思路。其三，成果辐射的广泛性。作为福州教育学院附属第二小学的教学改革成果，本书所倡导的理念已在该校多年实践中得到验证，学生数学思维能力与问题解决能力的显著提升，充分证明了结构化教学的育人价值。这一经验对区域乃至全国小学数学课堂改革具有示范意义。

作为教育研究者，我深切感受到本书的独特价值。它既非脱离实践的空泛论述，亦非局限于经验的碎片化总结，而是在理论与实践的交融中开辟了一条"思想赋能结构，结构反哺思想"的教学新路。尤为可贵的是，书中始终贯穿着"以学生发展为本"的教育情怀——无论是学情分析工具的精细化设计，还是课堂问题链的梯度化建构，均体现出对儿童认知规律与思维发展的深度关照。这种既有高度又有温度的研究姿态，正是当下教育改革亟需的学术品格。

值此书稿付梓之际，我由衷祝贺张立铄校长及其团队取得这一重要成果。期待《数学思想统领下的结构化教学》的出版，能够为小学数学教师提供专业成长的"脚手架"，为学科教学研究注入新动能，更为基础教育高质量发展贡献福建智慧。愿广大教育工作者以此书为媒，共同探索数学教育的美好未来！

福建省教育科学研究所副所长　陈建超
2025 年 3 月 17 日于福州

# 目　录

**第一章　数学思想统领下的结构化教学主张提出的背景** ·············· *1*

第一节　缘起——教学现状引发的思考 ···················· *1*
　一、现状 ································· *2*
　二、反思与重建 ····························· *3*
第二节　支撑——主张的理论支撑 ···················· *12*

**第二章　数学思想统领下的结构化教学主张的实践** ········ *14*

第一节　深度解读教材为结构化教学提供思路 ·········· *15*
　一、抓住数学知识之间的联系实现结构化解读 ·········· *16*
　二、以数学思想为线索巧妙整合教材实现结构化解读 ·········· *18*
　三、结构化解读教材的经典案例 ················· *21*
第二节　一课多轮探索有效的结构化教学案例 ·········· *37*
　一、前测——通过前测了解学生的已有认知经验 ·········· *37*
　二、研读——从知识结构化角度深研教材 ·········· *39*
　三、初试——尝试设计并实施体现结构化特征的教学 ·········· *39*
　四、后测——评价检验教学目标是否实现，反馈教学中的问题 ········ *42*
　五、反思——根据后测反馈出的数据，对前期的设计和教学实践进行反思 ·········· *43*

1

六、重建——找准"最近发展区",因需而教,实现长足的发展 …… 43

七、推广——从一节课推广到一类课 ……………………… 49

八、经典教学案例 ……………………………………………… 52


**第三章　分析总结提炼结构化教学的有效策略** ……………… 132

第一节　分领域实践分析总结 ……………………………… 132

一、数与代数领域 …………………………………………… 132

二、图形与几何 ……………………………………………… 137

第二节　提炼总结形成策略 ………………………………… 144

一、读通、读懂、读活教材 ………………………………… 144

二、读懂学生,找到学习起点,实现因需而教 …………… 149

三、"瞻前顾后、承前启后",用活教材,展开结构化教学 ……… 151

四、通过"复习与关联"形成系统的知识体系 …………… 152


**第四章　数学思想统领下的结构化教学主张的提炼并形成** ……… 154

一、数学思想统领下的结构化教学概念界定 ……………… 154

二、构建数学思想统领下的结构化教学的理论依据 ……… 155

三、构建数学思想统领下的结构化教学的特点 …………… 158

四、构建数学思想统领下的结构化教学的主要特质 ……… 160

五、构建数学思想统领下的结构化教学的实施策略 ……… 164

六、构建数学思想统领下的结构化教学的教学主张操作说明 ……… 167


**后　记** ………………………………………………………… 170

# 第一章
# 数学思想统领下的结构化教学主张提出的背景

　　1997 年 8 月，我从福州师范学校毕业，成为一名小学数学教师。二十八年来，我见证了《义务教育小学数学课程标准（实验稿）》到《义务教育小学数学课程标准（2011 年版）》"双基"到"四基"的变化，感受到基本数学思想在数学学习中的重要意义，数学思想的感悟和运用打破了长期以来数学知识碎片化教学（一个个知识点地教）的格局，让数学知识之间建立起"融会贯通"的联系，实现了数学教学的"易教"和数学学习的"易学"，数学思想统领下的数学学习真正实现了高效、深层次。2022 年《义务教育小学数学课程标准（2022 年版）》全新出炉，确立核心素养导向的课程目标以及设计体现结构化特征的课程等课程理念，又让我深深感受到结构化教学对于"四基""四能"的培养，以及学生数学核心素养培植的重要意义。在《义务教育小学数学课程标准（2022 年版）》新课程理念的指导下，我和团队教师从教材入手、以学生学情为基础，通过教材研读、教学实践探索，我们沟通了数学思想为线索的课堂教学与体现结构化特征的课堂教学的共通之处，逐步提炼并形成了《构建数学思想统领下的结构化教学》的教学主张。

## 第一节　缘起——教学现状引发的思考

　　一线数学教师在忙碌工作的同时，不免感叹数学的难教：老师在课堂上费尽心思地教，终于让学生掌握了本课的知识和技能，能解决相对应的问题，可是换个情境、换种题型，学生又无从下手了，这时唯一能解决问题的出路似乎就是题海战术，练、练、练，把考试中能考到的题型一一进行训练，练多了就能提分。可是就在这千锤百炼之中，学生对数学学习产生了厌恶之情，畏惧之心，在许多孩子眼中数学就是那些特别聪明智慧的人才能学会的学科，数学成了师生共同的痛。数学的"难教"和"难学"，教学效率低成了长期困扰师生的一个难题。静心思考，我们不难发现，教师教学时还是过多地关注数学知识的理解和技能的掌握，总是一节节课，一个个知识点地教，忽略了通过知识的教学，学会发现问题，进行数学的思考和数学表达，没能帮助学生建立起能体现数学学科本质，对未来学习有支撑意义的结构化的数学知识体系。这样的学习，学生获得的只是碎片化的知识，这些知识都是惰性的知识，很难转化为能力和素养。那么如何构建起以结构化数学知识为载体，落实"四基""四能"目标的同时，还能发展学生核心素养的数学课堂呢？

## 一、现状

美国认知心理学家布鲁纳指出：掌握事物的结构，就是允许以许多别的东西与它有意义地联系起来的方式去理解它。简单地说，学习结构就是学习事物是怎样联系的。可是笔者在长期的教学实践中发现，大多教师在教学时只是关注每一节课数学知识的理解和技能的掌握，往往忽视了对数学知识进行合理的整合，无法打破孤立的"一节课"的局限，无法建立起知识之间的内在联系。孩子们机械地记住每天所学的知识，面对实际问题时很难快速且正确地调用所学的知识解决问题，因此孩子解决问题的能力差，就无从谈起核心素养的发展。比如人教版五年级上册安排了数学广角"植树问题"的内容，所有教过这个内容的老师都感受到这一内容的难教和难学。教材中安排了植树问题中两种情况的3个例题。例1和例2属于直线上植树的两种情况（例1两端都栽；例2两端都不栽）；例3研究的是在封闭图形上植树的情况。（因为封闭图形上植树可以转化为直线上植树中只栽一端的情况，因此直线上植树就呈现两种情况）大多老师在进行这一单元教学时，都会一课时一课时地教学。第一课时教学两端都栽的情况，孩子们得到规律：植树的棵树＝间隔数＋1。第二课时学习两端都不栽时，孩子们知道了植树棵树＝间隔数－1；学习了只栽一端，记住了植树的棵树＝间隔数。第三课时学习封闭图形上植树，孩子们又要记住封闭图形上植树的棵树＝间隔数……一个单元教下来，老师教得用心，学生学得揪心，怎么一会儿加1，一会儿减1，一会儿又不加也不减呢？数学真可怕，同样是植树问题，还得记住这么多规律。更可怕的还在后面呢！到了应用环节更是晕头转向，敲钟、锯木头、爬楼梯这些问题到底是属于两端都栽？两端都不栽？还是属于只栽一端呢？到底该用间隔数＋1，还是要用间隔数－1……植树问题成了学生和老师永远的痛。反思其中的原因，教师在教学的过程中，没能站在数学思想与方法的高度，对数学知识进行合理统整，以数学思想为线索，将教学落在"一类""一组""一系列"有关联的内容建构上。

## 二、反思与重建

基于以上的思考，笔者认为，教师在教学前应该关注对教材的解读，不仅要读懂教材所呈现的显性的数学知识，还要读通隐藏在知识背后的数学思想，以数学思想为线索，读通教材知识之间的联系，再灵活地创造性地使用教材，在数学思想统领下对教学内容进行结构化处理，帮助学生建构起对未来学习和问题解决有支撑意义的结构化数学知识体系，从而帮助学生在掌握知识技能的前提下提升"四能"，发展学生的学科核心素养。于是我和团队老师决定从教材解读入手，通过"读懂—读通—读活"教材，以数学思想为线索统整教材，用活教材实现结构化教学。

### 1. 读懂教材

植树问题通常指沿着一定的路线植树，研究的是植树的间隔数和植树棵树之间的联系，因为植树问题中的路线既可以是一条线段，也可以是一条首

3

尾相接的封闭图形（如圆形）。而一条线段上植树的问题也还可能有不同的情形，比如两端都要栽，一端栽一端不栽和两端都不栽；封闭图形中植树的问题可以转化为在一条线段上植树问题中一端栽一端不栽的情况。基于以上认识，人教版教材在此单元中做了如下的编排。

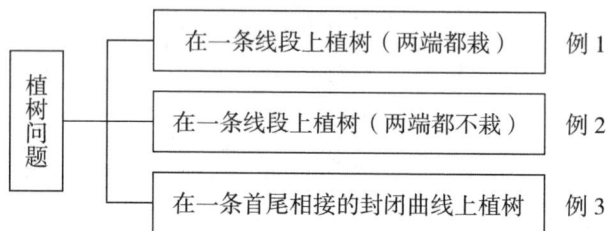

```
                ┌─── 在一条线段上植树（两端都栽）    例1
        植树    │
        问题 ───┼─── 在一条线段上植树（两端不栽）    例2
                │
                └─── 在一条首尾相接的封闭曲线上植树   例3
```

图 1-1

从教材编排的三个例题中，我们清晰地读懂三个例题所承载的知识，就是通过本单元的学习，渗透有关植树问题的一些数学思想方法，理解掌握不同植树情况中棵树与间隔数之间的关系，建立相关模型，并能运用这些模型解决现实生活中与之相关的问题：如锯木头、架设电线杆、爬楼梯、敲钟等问题。

### 2. 读通教材

通过对教材的深度解读，我们发现，三个例题的探索是一个整体，我们在教学的过程中不能把三个例题人为地进行分割，可以以"化繁为简""数形结合"和"一一对应"的思想为主线，对三个例题进行结构化的统整，通过设计体现结构化特征的课堂内容，提升学生的"四基""四能"，发展学生的学科核心素养。课堂中我们以两端都栽的情况作为抓手引导学生进行探索，在探索的过程中渗透"化繁为简""数形结合"和"一一对应"的数学思想，在此基础上，教师放手让孩子应用这些数学思想方法，自主解决"一端栽一端不栽"和"两端都不栽"的情况，让孩子感受到，不管植树的情况如何改变，我们只要根据题目的意思，把大数据变成小数据——化繁为简，再根据题目的要求画出示意图——数形结合，用一一对应的方法从示意图中找到棵树与间隔数的关系，就能解决所有的与植树问题相关的问题了。有了这样的数学思想作为线索，孩子们在解决封闭图形上植树的问题以及生活中遇到的与植树相关的实际问题时，他们也能巧妙地应用这些数学思想解决了。因为有了数学思想这个线索，我们大胆对教材进行结构化的处理，孩子们经历了对数学思想的感悟、体会和运用的过程，不但建立起植树问题的各种模型，还沟通了各种情况之间的关系，形成了关于植树问题的系统、整体的知识和方法体系，他们再也不用靠记公式来解题了，孩子们应用"化繁为简""数形结合"和"一一对应"的数学思想，就能很快地解决生活中遇到的问题，解决问题的能力以及数学的素养得到了提升。一直困扰教师的教学大难题也就迎刃而解了。

### 3. 用活教材实施结构化教学

在数学思想统领下，我们读通了植树问题这个教学内容中几个例题之间的结构化关系，我和团队老师立足学生实际，在不断实践和重建中设计出体现用活教材实施结构化教学的精彩案例。

## 人教版五年级上册数学广角——"植树问题"

一、教学目标

1. 能用化繁为简、数形结合、一一对应的数学思想，探究植树问题的规律，构建数学模型，并能应用这些数学思想解决生活中的相关问题。

2. 感受数学在日常生活中的广泛应用，培养应用意识和推理意识，发展数学素养。

教学重点：运用数学思想方法探索并发现植树问题中棵数与间隔数之间的关系。

教学难点：运用探索植树问题的思想方法解决生活中的实际问题。

教具准备：课件、作业单。

二、教学过程

（一）课前谈话

1. 出示：某品牌3＋2饼干（三层饼干，两层夹心）。

师：猜猜这里的"3＋2"是什么意思？

2. 师小结：三层饼干和两层夹心，饼干与饼干之间的夹心，在数学上我们称为"间隔"。（板书：间隔）这种饼干有两层夹心，就说它有 2 个间隔。

3. 生活中的间隔。

师：生活还有这样的"间隔"吗？

生：列举生活中跟间隔相关的例子。

4. 揭示课题：刚才我们通过前面的交流了解了什么是间隔，今天我们要学习与间隔有关的知识——植树问题。

（二）探究新知

1. 理解直线上植树的三种情况。

（1）出示活动一：在操场边，有一条小路，学校计划在小路的一边种 3 棵树，每两棵树之间的间隔是一样的，可以怎么栽？

师：请你们把这条线段作为路设计一种植树方案，用你们喜欢的方法记录在学习单中。

（2）展示：学生呈现的三种不同植树方法。

师：观察这三位同学的作品，你发现他们在植树的过程中有什么不同的地方？

生：他们种的方法不一样。

师：那你上来具体指着屏幕说说怎么不一样？

师小结：看来，在小路的一旁植树会出现三种不同情况，分别是"两端都栽""只栽一端""两端都不栽"。

（师呈现生活中与三种情况相关的情境，并点明接下来要先来研究两端都栽的情况。）

2. 探索两端都栽时棵数与间隔数之间的关系。

（1）化繁为简。

师：出示活动二：同学们在全长 1000 m 的小路一边植树，每隔 5 米栽一棵（两端都要栽），一共要栽多少棵？

师：请一位同学读题，并找到相应的数学信息，理解路长、间距等含义。

师：猜一猜一共需要栽多少棵树呢？

生（预设）：200 棵；201 棵；199 棵……

师：明明是同一个问题，怎么会有不同的答案呢？到底谁是对的呢？你们准备怎么办？

生：可以画图验证或者提议列算式验证。

师：那你是怎么列的呢？（1000÷5＝200）这 1000 米是指什么？（路的总长）5 米呢？（间距）用 1000÷5 就是求什么？（1000 里有几个这样的间隔，也就是间隔数）是我们要求的棵树吗？

生：求出间隔数后要加 1。

师：真的是这样吗？这只是我们的猜想，我们还要进行什么？（验证）那要怎么验证呢？

生：画图。

（师在黑板上动手画，在画的过程中让学生感受路太长，这么画图很麻烦。）

生：1000 米太长了，太复杂了。

师：那你打算怎么办？

（2）发现规律。

①观察猜想。

生：先用小一点的数据试试。

师：你准备用什么数？（15 米、20 米）

师：先以 20 米的总长为例来试试可以吗？我们一起边画边数。先画一端一棵树，一个间隔 5 米，再种一棵树，再 5 米，再种一棵树这里有几个 5 米啦？（3 个）也就是 15 米。20 米里面有几个 5 米？4 是怎么得到的呢？（20÷5＝4）那这个 4 表示什么？（间隔数）

师：数一数，栽了几棵树？（5 棵）4 个间隔怎么就变成 5 棵数了？你有什么发现吗？

生：两端都栽时，棵树＝间隔数＋1。（板书）

师：只通过这一个例子就得到两端都栽时，棵树＝间隔数＋1 的结论吗？

那该怎么办?

　　②举例验证。

　　生:要再举一些例子验证一下。

　　师:我们还可以举哪些例子? 10米,25米。(板书:15米)那你可以举12米吗?为什么?

　　生:因为它不是5的倍数就不够5米种一棵了。

　　师:所以我们所举的例子只要是5的倍数就可以了。

　　师:那就请大家再举些例子来验证验证吧。

　　师出示操作要求:A. 先自选一个长度;B. 画一画,算一算,填一填;C. 把你的发现填写在作业单的下面。

　　师:接下来就请同学们在活动二的表格里完成验证。

　　交流汇报:

　　师:接下来,请这位同学分享一下想法。

　　生$_1$:我假设这条小路有15米,通过算一算间隔数有15÷5＝3(个),通过画一画发现棵树是4棵;假设有25米,间隔数是5个,棵树就是6棵。

　　师:那你发现的规律是什么呢?

　　生$_1$:发现棵树都比间隔数多1。

　　师:这位同学通过举例,验证了自己的想法,你们举的例子和她一样吗?有的一样,有的不一样。那你得到的规律和她一样吗?虽然你们举的例子不一样,但是你们发现的规律都一样,那为什么两端都栽时,棵树＝间隔数＋1呢?1在哪里?

　　③解释道理

　　生借助画的图,用一一对应的方法说明道理。

　　师:听懂了吗?很有道理。通过观察,我们发现两端都栽时,一棵树对应一个间隔,像这样一一对应后发现还多出了一棵树。所以当两端都栽时,棵树＝间隔数＋1。

　　(3)利用规律解决问题。

　　师:找到这个规律以后,你能解决在1000米路上植树的问题了吗?

生：1000÷5＋1＝201（棵）。

师：1000÷5 求的是什么？为什么要＋1？

3. 总结探究方法。

师：我们一起回顾一下，刚才我们是怎样解决在 1000 米的路上植树的问题的？

生总结：刚才解决在 1000 米的路上植树的问题时，因为路太长，解决起来太复杂了，所以我们先从 20 米、15 米、10 米这些简单的例子入手。从这些简单的例子中我们通过画图、列式找到了规律，发现规律后再解决复杂的问题。

师：总结得太好了，像刚才这样复杂的问题从简单入手，从简单例子中找到规律解决复杂问题的方法在数学上叫作"化繁为简"。

师：看来，今后我们如果遇到复杂的问题，不要急着去解决，我们可举一些简单的例子，从简单例子中找到规律，然后再利用规律去解决复杂的问题。这个过程我们的数学家华罗庚爷爷用了 4 个字来总结：知难而退。退到最简单的地方从简单中找到规律从而去解决复杂的问题。

（三）学以致用

1. 运用数学思想方法自主探索。

（1）师：那接下来我们就利用今天所学的化繁为简、画图的方法自己来解决植树问题中的另外两种情况。

（2）出示活动要求。

一二两组研究：

①一条走廊长 840 米，每隔 4 米放一盆植物（两端不放）。一共要放多少盆植物？

三四两组研究：

②一条走廊长 600 米，每隔 4 米放一盆植物（只放一端）。一共要放多少盆植物？

师：读一读第①小题，要注意什么？（两端都不放）是属于两端都不栽的情况。第②小题呢？（只放一端）是属于只栽一端的情况。

师：你们能尝试着用刚才学到的化繁为简、数形结合的方法去解决问题吗？

（3）学生自主探索。

2. 汇报交流。

①"一端栽一端不栽"

师：请同学与大家分享自己的研究过程。

生$_1$：我们研究的是第一题，840米太复杂，我们选择从12米开始研究，通过画图发现有3个间隔，如果一端种一端不种，那只要放3盆植物。再通过一一对应的方法验证，发现植物的盆数＝间隔数。

师：听懂了吗？有没有问题想问他？（"为什么这里不＋1呢？"）

生$_1$：（指着图）你们看，一棵树对应一个间隔，刚好一一对应，没有剩余，所以盆数等于间隔数。

生$_2$：我还可以借助刚才两端都栽的情况来说道理，两端都栽棵数＝间隔数＋1，只栽一端就是这个另一端的一棵没种，所以就不要＋1了。

师：那这道题要怎样列式呢？

生：840÷4＝210（盆），也就是210盆。

②两端都不栽。

生$_3$：我们的研究过程和他们的一样，但是我们得到的结论是：盆数＝间隔数－1。

师：怎么又－1了呢？

生$_3$：你们看，我们一一对应后，还少了一盆，也可以从两端都栽进行推理。

师：所以这道题的答案是：600÷4－1＝149（盆），你们赞成吗？

3. 沟通联系。

师：仔细观察在直线上植树的三种情况，你们有什么发现？在直线上植树的三种情况之间有什么联系？为什么会有这样的联系？

（用一一对应和联系的观点解释其中的道理。）

（四）总结拓展

1．师生共同总结：今天我们学习的是植树问题，解决问题的时候我们不仅学会了三种情况的植树问题是怎么解决的，更重要的是我们还掌握了一种方法，是什么？

生：今天我们遇到复杂的问题，先从简单的例子入手，通过画图找到规律，再利用规律去解决复杂的问题。

师：是啊，我们感受了遇到复杂问题从简单例子入手，化繁为简利用图形解决的思想方法后，发现所有的数学都会变得简单起来了。想一想如果我现在不把树种在直线上，而是种在一个圆形的湖边，那该怎样解决呢？

2．拓展延伸。

（1）呈现在一个周长 400 米的圆形湖边，每隔 1 米种一棵果树，一共要准备多少棵？

（2）学生自觉应用数学思想方法解决问题。

（五）板书设计

**植树问题**

$1000 \div 5 = 200$ （个）
$200 + 1 = 201$ （棵）
答：一共要栽201棵树。

化繁为简

复杂　1000米

简单　20米

15米　　5米

| | 总长 | 间距 | | 间隔数 | 棵数 |
|---|---|---|---|---|---|
| | 20米 | | | $20 \div 5 = 4$ | 5（棵） |
| | 15米 | 5米 | | $15 \div 5 = 3$ | 4（棵） |

规律

两端都栽　　棵数 = 间隔数 + 1

只栽一端　　棵数 = 间隔数

两端不栽　　棵数 = 间隔数 – 1

### 4．实践反思，主张萌芽

从以上的教学案例可以看出，因为教师把教学的立足点上升到数学思想的高度，在数学思想的统领下实现了结构化的教学，数学的教学变得简单易学，且有了深度，孩子们再也不需要死记硬背，通过操练来巩固所学了，他们在面对实际问题时能自觉应用数学思想方法灵活解决问题。长期的教学实践告诉我们：数学知识就好比一颗颗珍珠，而数学思想则是能串起这些珍珠的线，有了这根线，所有的知识才能"融会贯通"起来，这样的数学学习才能实现高效、易学的目标。基于这样的反思和实践，构建"数学思想统领下的结构化教学"这一主张在心中开始萌动。

## 第二节　支撑——主张的理论支撑

关于"结构化"，至少可以追溯到美国心理学家、教育家杰罗姆·布鲁纳。用布鲁纳的话说："我们不论教什么学科，务必使学生理解该学科的基本结构。"而"学习结构就是学习事物是怎样相互联系的"。布鲁纳在《教育过程》一书中举过一个数学的例子，可以用来说明结构的价值："代数学就是把已知数同未知数用方程式排列起来，使得未知数成为可知的一种方法。解这些方程式包含三个基本法则，是交换律、分配律、结合律。学生一旦掌握了这三个基本法则体现的思想，他就能够认识到，要求解的新方程完全不是新的，它不过是一个熟悉的题目的变形罢了。"在此，布鲁纳揭示了掌握结构的最重要的价值——有利于迁移。布鲁纳把学习的迁移分为两类：一类是特殊迁移；一类是一般迁移。特殊迁移是指具体知识和技能的迁移。一般迁移是原理和态度的迁移。布鲁纳更重视原理和态度的迁移，他认为这种迁移可以由已知推断未知。布鲁纳关于结构化的阐述，让我们意识到结构化教学的重要价值。

"结构化"一词也是首次被写进《义务教育课程标准（2022年版）》中。《义务教育数学课程标准（2022年版）》，共有6处提到了"结构化"，比如，在"课程性质"中指出，数学"基于抽象结构，通过对研究对象的符号运算、形式推理、模型构建等，形成数学的结论和方法，帮助人们认识、理解和表达现实世界的本质、关系和规律"；在阐述"课程理念"时指出，要"设计体现结构化特征的课程内容"，并明确课程内容组织"重点是对内容进行结构化整合探索发展学生核心素养的路径"；而在"课程实施"的"教学建议"部分则提出，"整体把握教学内容""注重教学内容的结构化""在教学中要重视对教学内容的整体分析，帮助学生建立能体现数学学科本质，对未来学习有支撑意义的结构化的数学知识体系。一方面了解数学知识的产生与来源、结构与关系、价值与意义……"；在"学业质量描述"部分明确，评估学生核心素养达成及发展情况的第一条即是"以结构化数学知识主题为载体，在形成与发展'四基'的过程中所形成的抽象能力、推理能力、运算能力、几何直观和空间观念等"；在"培训建议"部分也要求"整体把握结构化课程内容体系"。

　　基于教学现状的反思与实践，《构建数学思想统领下的结构化教学》的主张已经在笔者心中萌芽。在学习了《义务教育数学课程标准（2022 年版）》提出的关于"结构化"新理念，以及布鲁纳关于"结构化"的相关理论后，笔者更坚定了践行构建"数学思想统领下的结构化教学"主张的信心。我们准备从教材入手、在结构化解读教材的基础上，实施结构化的教学，先探索丰富且经典的教学案例，然后在大量案例的支持下，提炼出数学思想统领下的结构化教学的策略，形成教学模式，而所有的一切实践和理论就将成为构建"数学思想统领下的结构化教学"教学主张的核心内核。

第二章
# 数学思想统领下的结构化教学主张的实践


　　结构化教学是针对碎片化教学而提出的一种教学方法，它是基于整体的角度分析教材、实施教学，这样的教学更有利于用整体－部分－整体的视角思考和解决问题。因此教师在实施教学前，要用结构化的眼光来分析教材，找准教材单元内容间的横向联系，读通教学的教材内容在整个知识体系中的位置，也就是知识之间的纵向联系，这样，在实施教学时才能抓住知识的生长点，实现知识的"同化"与"顺应"，把新知识纳入旧知识的系统中，帮助学生形成对未来学习有支撑意义的知识体系。例如，在实施人教版五年级上册"多边形的面积"这个单元的教学前，通过纵向解读教材，我们发现这个单元的内容起着承上启下的作用，学生在学习多边形面积计算公式推导之前，已经在三年级学习了长方形面积计算公式的推导，感悟了度量就是用度量工具测量度量对象中包含有几个度量单位的本质，四年级时孩子不仅认识了平行四边形、梯形和三角形，还在学习运动与变换知识时通过把不规则的图形切拼平移"转化"为学过的长方形和正方形，从而计算出它的面积这个过程，感悟了"转化"的数学思想。有了这些知识和思想方法做铺垫，在学习多边形的面积这个单元知识时，我们就可以让学生在自主探索图形面积计算公式的过程中自主应用转化的思想，综合运用学过的知识多策略地解决问题，也为后续圆的面积和立体图形的表面积等知识的学习奠定基础，不断积累探究图形面积的经验。横向解读该教材内容，我们发现这个单元的内容有：平行四边形的面积、三角形的面积、梯形的面积、组合图形的面积和不规则图形面积的估计。其中平行四边形的面积计算公式可以转化为长方形的面积来推导,三角形的面积计算既可以转化为平行四边形也可以转化为长方形,而梯形的面积计算可以转化为前面已经学过面积计算的三种图形,组合图形的面积又可以转化为几个基本图形的组合。从横向解读中不难看出,这些内容之间是相互联系的,既可以形成一个完整的知识结构,又可以形成一个思想方法的结构。而且我们发现,每一种图形都是按照:"转化—推导公式—运用"的路径展开,都要经历将新图形的面积转化为会求的图形的面积,所以"把未知转化为已知的转化思想"就成为本单元的一个核心概念。教学中,教师应该善于挖掘教材背后的数学思想和方法,在数学思想统领下,站在单元的高度,从横向和纵向两个角度解读教材,从知识结构化、思想方法结构化、能力结构化、经验结构化等角度整体分析把握教材,明晰单元主题及每节课的着重点和落脚点,如此才能实现教师结构化地教,学生结构化地学。

明确了研究的目标与方向,我们团队老师就沿着深度解读教材、读懂学生、创造性地用活教材实施结构化教学这样的步骤开展教学主张的实践探索活动。

## 第一节 深度解读教材为结构化教学提供思路

教材是实施教学的重要抓手,深度解读教材,找准知识之间的内在联系,整合、构建知识"大体系"是实施结构化教学的前提。我们在实施结构化教学时必须从横向(单元知识的布局)以及纵向(每个知识点与相关的前后知识之间的联系)这两个维度入手,"纵"和"横"通,找到每一个课时教学内容在单元乃至整个知识体系中的位置,这样才能更好地实施结构化教学。有了这些思考,我和团队老师着手分年段、分领域地对小学阶段的十二册教材进行深度解读,找到了结构化解读教材的策略。下面将从如何抓住数学知识之间的联系活用教材实现结构化解读,以及如何以数学思想为线索巧妙整合教材实现结构化解读两个方面来呈现教材解读的思路与方法。

# 一、抓住数学知识之间的联系实现结构化解读

《义务教育数学课程标准（2022 年版）》在"选择能引发学生思考的教学方式"部分提出了重视单元整体教学设计的建议，希望教师能改变过于注重以课时为单位的教学设计，推进单元整体教学设计，体现数学知识之间的内在逻辑关系，以及学习内容与核心素养表现的关联。课程标准的这些要求都是强调教师在教学中要抓住单元知识之间的联系，通过情境设计和多样的教学手段实现教学内容系统化、结构化。下面就以人教版六年级下册"圆柱与圆锥"这一单元为例，来谈谈教师如何抓住知识之间的联系，实现结构化的教材解读。

### 1. 横向解读——读通单元知识之间的内在联系

"圆柱与圆锥"这个单元是人教版六年级下册的内容，基于学生的学情特点、已有的知识和经验基础，人教版教材做了如下的安排（见图 2-1）。

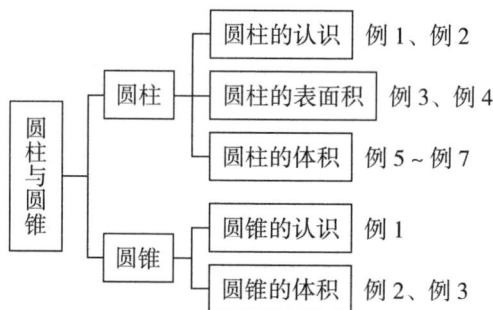

图 2-1  "圆柱与圆锥"单元的教材内容安排表

### 2. 纵向解读——找准学生学习的起点

六年级孩子在学习"圆柱与圆锥"这个单元前，已经学习了包括长方形、正方形、平行四边形、梯形、三角形、圆形等平面图形的认识和面积的测量等相关知识，还学习了长方体和正方体的认识，表面积、体积、容积的计算，

初步建立起了平面图形与立体图形之间的关联，感悟了转化的数学思想、推理意识也有了进一步的发展，空间观念基本形成。因此学生的学习起点应该建立在学生已经有了丰富的知识和经验储备、有了认识立体图形的方法的基础之上。基于学情以及教材纵向的分析，我们认为，在实施该内容的教学时，可以引导孩子从长方体和正方体的学习是与长方形和正方形这两个平面图形相关联入手，让孩子自主地产生，圆柱、圆锥的学习也应该跟之前学习过的圆形、长方形和正方形有关（平面与立体的关联），也跟长方体和正方体有关（立体图形之间的关联），通过找到关联、创造圆柱和圆锥，实现对圆柱与圆锥特征的认识，在此基础上，通过对圆的面积公式的推导方法的回顾，自主构建圆柱体积计算的公式。最后通过圆柱是由长方形旋转而成、与圆柱等底等高的圆锥是由长方形沿对角线剪开的三角形旋转而成的，引发学生对圆锥体积与圆柱体积之间联系的猜想，通过动手操作验证探索得出圆锥的计算公式……以下是我们通过横向和纵向的分析梳理出的本单元整体框架（如图2-2），以及由此形成的单元整体教学整合后的课程安排表（如图2-3）。

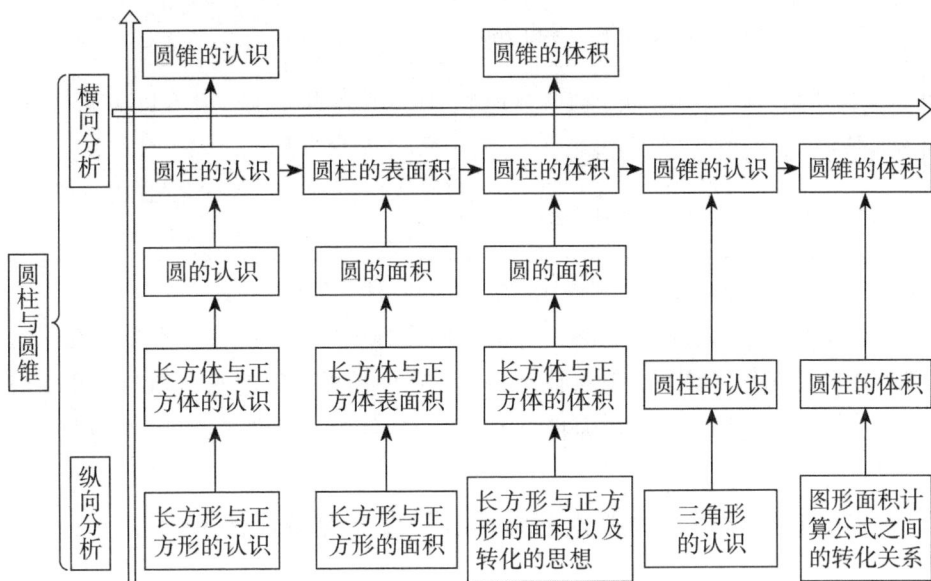

图 2-2　教材内容的横向、纵向分析表

17

| 整合前 | 课时 | 整合后 | 内容与目标 |
|---|---|---|---|
| 例1：圆柱的认识 | 1 | 圆柱和圆锥的认识 | 认识、掌握圆柱和圆锥的特征，建立几何模型，发展空间观念。 |
| 例2：圆柱的认识 | 1 | 圆柱的再认识 | 认识圆柱的侧面展开图，掌握圆柱的侧面展开图与圆柱的关系，归纳侧面积、表面积的计算公式。 |
| 例3：圆柱的表面积 | 1 | 圆柱表面积的应用 | 根据实际情况，熟练运用表面积知识解决问题。 |
| 例4：圆柱的表面积 | 1 | 圆柱的体积 | 由旧知自主探究推导圆柱的体积计算公式，渗透转化、极限、变与不变的思想。 |
| 例5、例6：圆柱的体积 | 1 | 圆柱体积与圆锥体积的关系 | 寻找圆柱与圆锥的关系，掌握圆锥的体积计算公式。 |
| 例7：圆柱的体积 | 1 | 综合应用 | 将实际问题转变成数学问题，熟练灵活地运用圆柱和圆锥的体积公式。 |
| 例1：圆锥的认识 | 1 | 拓展：等积变形 | 探究不规则物体的体积转化和计算过程，体积"等积变形"的转化过程。 |
| 例2、例3：圆锥的体积 | 1 | 拓展课：切割问题 | 通过圆柱和圆锥的横切、整切等问题的探究，培养空间想象能力。 |
| 整理和复习 | 1 | 整理和复习 | 以思维导图形式，系统地梳理各知识的联系。 |

图2-3 "圆柱与圆锥"单元整合后的课时安排表

基于对本单元教材和教学内容的结构化解读，我们找准了本单元知识之间，以及单元每一课时知识在整个知识体系中的地位以及它们与相关联知识之间的联系。这样的解读，为我们实施单元整体教学提供了整体的思路。

## 二、以数学思想为线索巧妙整合教材实现结构化解读

在实施单元结构化解读时，我们不仅要关注知识之间的内在联系，还要以数学思想为线索，巧妙整合数学教材，实现对教材的结构化解读。下面以

人教版五年级上册"小数乘法"单元为例来谈谈在教学中如何以数学思想为线索结构化解读教材。

"小数乘法"这个单元是在学生学习了整数乘法、积的变化规律等知识，积累了丰富的化新为旧的学习经验，多次感悟和体会转化的数学思想的基础上进行学习的，通过学习，帮助学生理解小数乘法与整数乘法算法的一致性；此外小数与整数之间有着密切的联系，因此整数的四则运算顺序跟整数一致，整数的运算定律在小数中也同样适用，其中蕴含着类比推理的数学思想，由此可见，在本单元的学习中，转化的数学思想和类比推理的数学思想。贯穿整个单元的始终。我们在进行教材解读时，可以以数学思想为线索对单元内容进行结构化的处理。借此我们进行了如下的教材解读。

### 1. 横向解读——读懂每个例题所承载的知识

"小数乘法"这个单元具体的教材内容安排如下（见图 2-4）

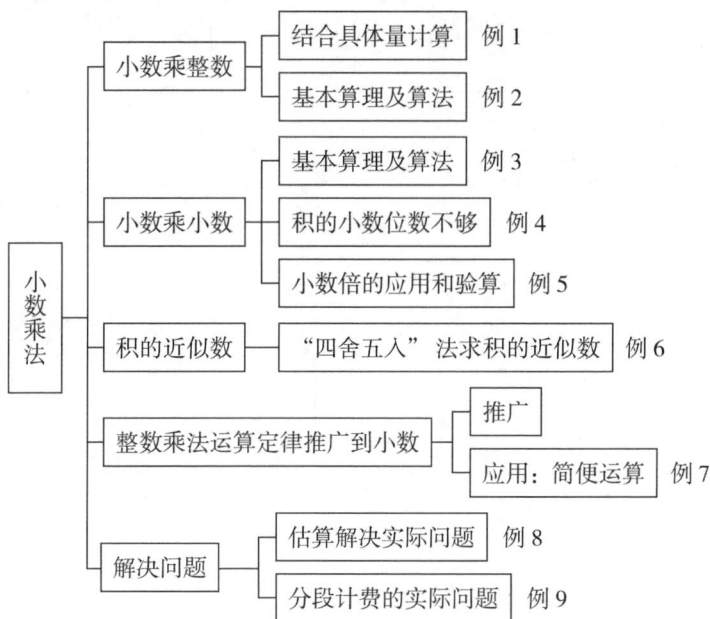

图 2-4　"小数乘法"单元教材内容安排

### 2. 纵向解读——读懂单元知识背后所隐藏的数学思想

本单元教材编排了 9 个例题，每个例题都承载着不同的知识技能目标，我们通过深度解读，还读懂了隐藏在知识背后的数学思想，比如例 1 至例 5 背后是转化的数学思想在支撑，例 5 至例 7 的背后隐藏着类比推理，例 9 则隐藏着数形结合和分类讨论的数学思想。通过对教材的深度研读，挖掘隐藏在知识背后的数学思想后，我们就可以以数学思想为线索，对本单元的教学进行结构化的处理。以下是我们通过以数学思想为线索梳理出的整合后的本单元整体框架（如图 2-5），以及所形成的单元整体教学整合后的课程安排表（如图 2-6）。

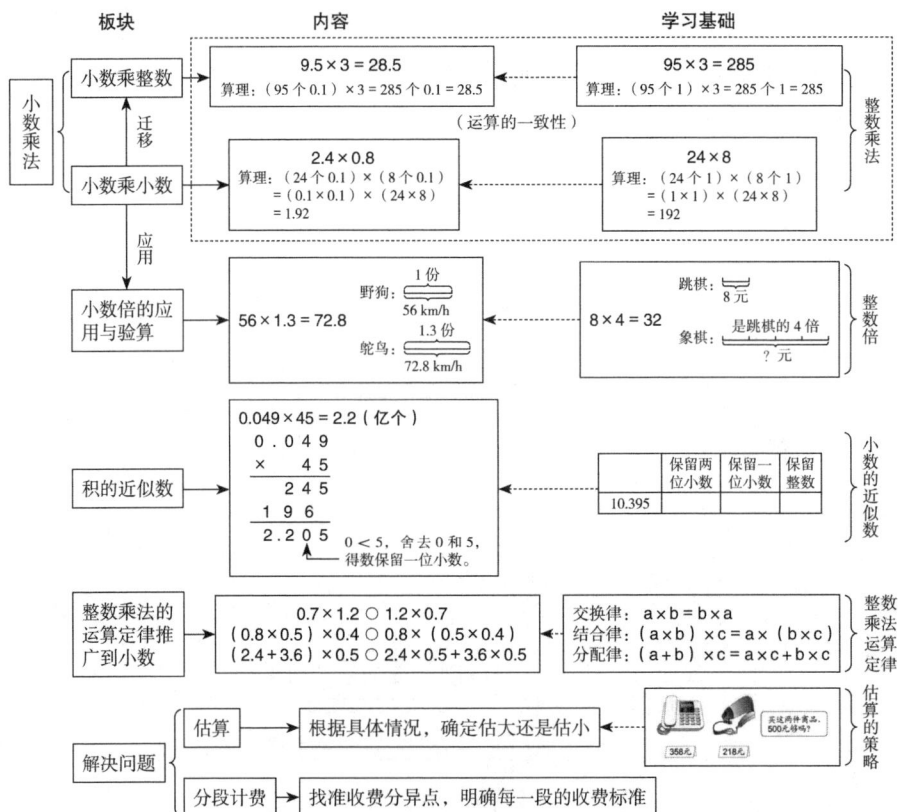

图 2-5　以数学思想为线索梳理整合了本单元的整体框架

| 原教材内容编排 | 整合后教材内容编排 |
|---|---|
| 小数乘整数（例1） | 小数乘法基本算理和算法（例1、2、3、4）（从例3和例4入手进行教学） |
| 小数乘整数（例2） | |
| 小数乘整数（例3） | |
| 小数乘整数（例4） | |
| 小数倍的应用和验算（例5） | 小数倍的应用和验算（例5） |
| 积的近似数（例6） | 积的近似数（例6） |
| 整数乘法的运算定律推广到小数（例7） | 整数乘法的运算定律推广到小数（例7） |
| 解决问题（一）（例8） | 解决问题（一）（例8） |
| 解决问题（二）（例9） | 解决问题（二）（例9） |
| **课时内容** | **与旧知识关联** |
| 小数乘法基本算理和算法 | 整数乘法基本算理和算法 |
| 小数倍的应用和验算 | 整数倍的应用和验算 |
| 积的近似数 | （四下）求小数的近似数 |
| 整数乘法的运算定律推广到小数 | 整数乘法的运算定律 |
| 解决问题（一） | 估算的策略 |
| 解决问题（二） | 分类、部分和整体、画图策略 |

图 2-6　单元整体教学整合后的课程安排表

我们抓住知识的明线和数学思想的暗线这两条线索对教材进行深度且具有结构化的解读，勾连数学知识之间的联系，形成结构化的知识体系，为实施结构化的教学提供了可用的教学素材，教师在实施数学思想统领下的结构化教学时，可以根据这些细目表，合理调整、灵活使用教材，实现结构化的教学。

## 三、结构化解读教材的经典案例

### （一）数与代数领域案例（以数的运算为例）

#### 1. 人教版五年级上册"小数除法"

（1）横向解读——读懂单元知识之间的联系。

小数除法的计算分为两种情况，分别是除数是整数和除数是小数。除数是整数的除法是除数是小数的除法计算的基础，除数是小数的除法可以转化为除数是整数的除法，再按照除数是整数的除法的计算方法进行计算。以下是"小数除法"这个单元在原教材中的具体编排体系。

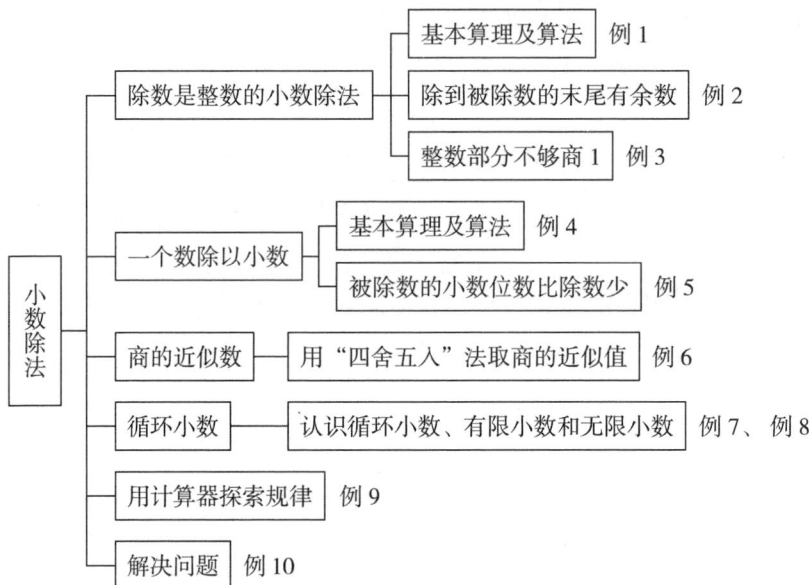

（2）纵向解读——读通知识体系，找准学习生长点。（重点分析除数是整数的小数除法和一个数除以小数）

在学习除数是整数，商是小数的除法之前，从二年级到四年级，学生所接触到的除法，商都只算到个位，也就是说，学生只学到把几个一平均分，每份够分到几个一，不够分到几个一的就把它当作余数。而除数是整数，商是小数的除法，则是要把每份不够分得几个一的部分进行单位的细分，转化为几个十分之一，甚至是几个百分之一、千分之一……因此，我认为，被除数和除数都是整数、商是整数而有余数的除法，是除数是整数、商是小数的除法这一部分内容学习的"根"，有了这个"根"，经过细分单位，就能理解和掌握除数是整数的小数除法的算理和算法了。掌握了除数是整数的小数除法的算理和算法之后，学习除数是小数的除法只要根据商不变规律，把除数是小数的除法转化为除数是整数的就可以了。

（3）横向分析：基于对教材横向和纵向的分析，我们从结构化角度对本单元知识中有关小数除法部分教材内容进行了统整。

| 整合后 | 课时 | 整合的思路和要实现的目标 |
|---|---|---|
| 整数除以整数 | 1 | 从两位老师买笔情境入手：林老师买 12 支笔共花 75 元，张老师买 5 支笔共花 33 元，谁买的笔更贵？学生借助已有经验发现算出的结果都是 6 元余 3 元，价格似乎是一样的，但是孩子们会发现除数不同，余下的 3 元平均分，单价是不同的。以此来引发学生把以元为单位的余数，细分单位转化为以角为单位的数。有了继续细分的想法后，教师引导学生借助实际情境经历细分过程，体会商是小数的除法产生的过程，完成例 2 的学习，在此基础上引出书本的例 1，被除数是小数，除数是整数的计算。 |
| 整数除以整数（整数部分不够商 1 的） | 1 | 在第一课时学生理解了通过细分单位，得到除数是整数，商是小数除法的基础上，呈现被除数的整数部分小于除数，商的整数部分不够商 1，需要用 0 来占位的例 3，感受整数部分的不够商 1 要商 0，算出商的第一位后，除到哪一位不够商就要商 0 的道理。 |
| 除数是小数的除法 | 1 | 教材安排了两个例题，例 4 是被除数和除数小数位数相同的，例 5 是被除数位数比除数少的，而被除数比除数位数多的情况则是安排在"做一做"中。编者的编写意图是由易到难给孩子的学习设计脚手架，但是从知识结构化的角度出发，我们对教材进行了大胆整合，直接把例 4 中"中国结"的长度改为 15.3 米。孩子在转化的过程中，必定会产生错误的方法，教学中可利用错误资源突出重点、突破难点，感受除数是小数的除法，先要把除数转化为整数，再根据商不变的规律转化被除数。 |

### 2. 人教版四年级上册《除数是两位数的除法》

（1）横向解读——读懂单元知识之间的联系，以下是"除数是两位数的除法"这个单元在原教材中的具体编排体系。

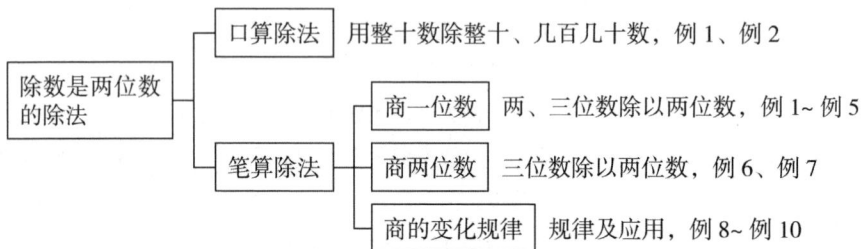

```
                  ┌─ 口算除法 ── 用整十数除整十、几百几十数，例1、例2
除数是两位数        │
的除法             │            ┌─ 商一位数 ── 两、三位数除以两位数，例1~例5
                  └─ 笔算除法 ──┤─ 商两位数 ── 三位数除以两位数，例6、例7
                               └─ 商的变化规律 ── 规律及应用，例8~例10
```

（2）纵向解读——读通知识体系找准学习生长点。

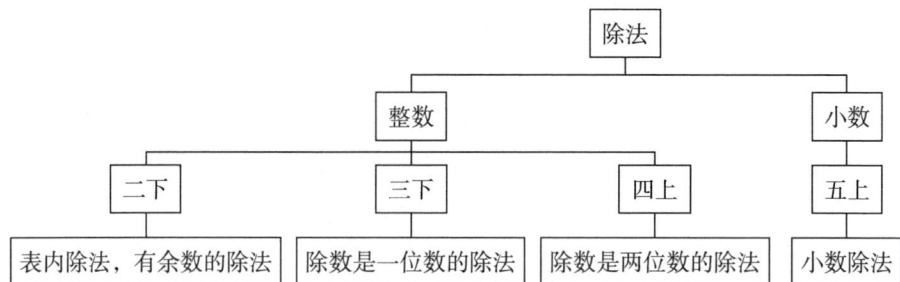

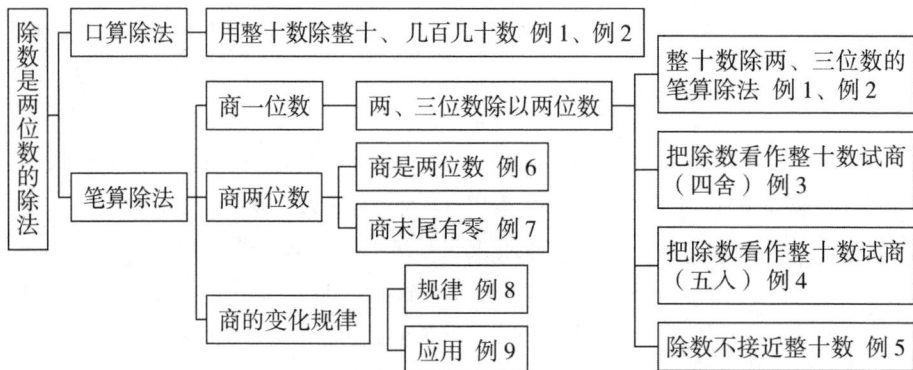

```
                              除法
                ┌──────────────┴──────────────┐
              整数                            小数
      ┌────────┼────────┐                      │
    二下       三下      四上                   五上
  表内除法，  除数是一位  除数是两位            小数除法
  有余数的除法  数的除法   数的除法
```

```
         ┌─ 口算除法 ── 用整十数除整十、几百几十数 例1、例2
除数      │
是两      │         ┌─ 商一位数 ── 两、三位数除以两位数 ──┬─ 整十数除两、三位数的
位数      │         │                                   │  笔算除法 例1、例2
的除      │         │         ┌─ 商是两位数 例6           │
法       └─ 笔算除法 ─┤─ 商两位数 ─┤                      ├─ 把除数看作整十数试商
                    │         └─ 商末尾有零 例7           │ （四舍）例3
                    │                                   │
                    │         ┌─ 规律 例8                ├─ 把除数看作整十数试商
                    └─ 商的变化规律 ─┤                    │ （五入）例4
                              └─ 应用 例9                 │
                                                        └─ 除数不接近整十数 例5
```

（3）读通知识间的内在联系之后，我们大胆地对教材内容进行了结构化的处理，以下是整合后的教材内容（以笔算除法为例）：

| 整合前 | 课时 | 整合后 | 内容与目标 |
|---|---|---|---|
| 例1、例2：整十数除两、三位数的笔算除法 | 1 | 整十数除两、三位数的笔算除法（例1例2）。 | 解决试商、商是几位数及书写位置等问题。 |
| 例3：把除数看作整十数试商、调商（四舍），商一位数 | 1 | 接近整十数除两、三位数的笔算除法，包含自创的四舍法试商，例1：430÷58（书本例题84÷21不能让学生体会四舍的必要性，更换）；接着用书本中的例5：197÷28让孩子用五入法试商，体会五入法试商，商会偏小要调商；最后猜测四舍法试商，商可能会怎么样，用书本的例子430÷52来验证。 | 通过例题的修改和重组，建立起了四舍法和五入法之间的关联，在实现理解掌握除数是两位数（不是整十数）的笔算除法的算理与算法的目标的基础上，还培养学生的数感、推理意识。 |
| 例4：把除数看作整十数试商、调商（五入），商一位数 | 1 | | |
| 例5：除数不接近整十数试商，商一位数 | 1 | 介绍除数不接近整十数的几种特殊试商方法（同头无除商"8""9"书本练习十四10和19小题；商"5"法书本练习十五第4小题；口算法）。 | 掌握多种调商方法，能根据数据特点灵活试商、调商，增强数感、发展运算能力和推理意识。 |
| 例6：商是两位数的笔算除法 | 1 | 例6商是多位数的笔算除法。 | 理解掌握商是多位数的笔算除法的算理和算法。 |
| 例7：商末尾有零 | 1 | 商末尾有零的竖式计算，增加商中间有零的例题。 | 整体感悟哪一位上不够商1就商0。 |

续表

| 整合前 | 课时 | 整合后 | 内容与目标 |
|---|---|---|---|
| 例8：商的变化规律 | 1 | 商的变化规律。 | 渗透函数思想，同时培养学生初步的抽象、概括能力。 |
| 例9：商的变化规律的应用 | 1 | 商的变化规律的应用，把例9中的竖式简便算和例10余数的变化规律整合，递等式简便计算另外安排一节。 | 灵活应用商的变化规律进行简便计算，简算中感悟商不变，余数发生变化的道理。 |
| 例10：商不变，余数的变化规律 | | | |

### 3. 人教版四年级下册"运算定律"

（1）横向解读——读懂单元知识之间的联系。人教版教材在编写该单元内容时，将知识按四则运算的顺序进行编排：加法运算律（包括加法交换律和加法结合律）、减法的性质、乘法运算律（包括乘法交换律、乘法结合律、乘法分配律）、除法的性质。以下是"运算定律"这个单元在原教材中的具体编排体系。

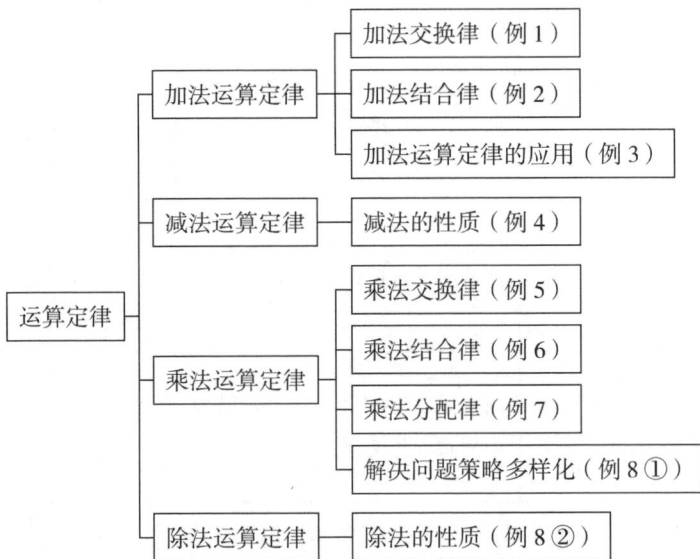

（2）纵向解读——读通知识体系，找准学习生长点。

团队老师通过对 1—4 年级学生的学情和教材编排体系进行分析后发现，人教版义务教育数学教科书四年级下册第三单元"运算定律"是学生小学阶段第一次学习到运算定律，但在之前学生学习了四则运算的意义与关系，知道了乘法是特殊加法的简便运算，除法是特殊减法的简便运算，减法是加法的逆运算，除法是乘法的逆运算，因此我们可以将本单元知识做结构化处理。

（3）从数学知识结构的角度出发，对本单元知识做如下结构化处理。

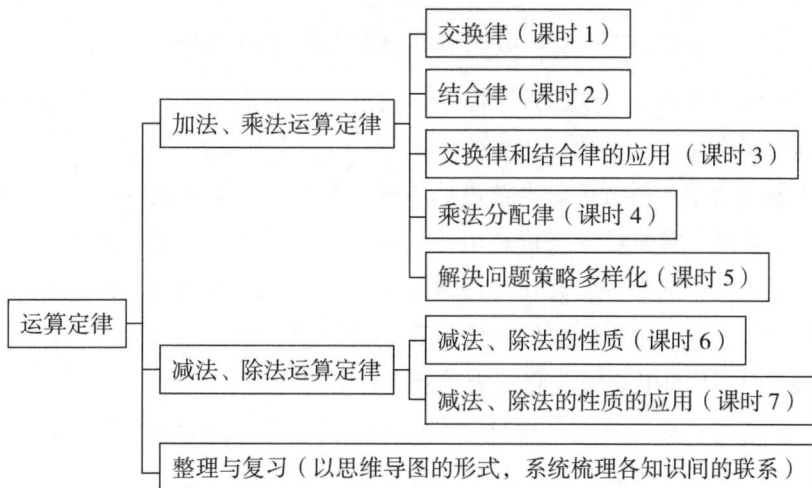

```
                              ┌─ 交换律（课时1）
                              │
                              ├─ 结合律（课时2）
                              │
            ┌─ 加法、乘法运算定律 ─┼─ 交换律和结合律的应用（课时3）
            │                 │
            │                 ├─ 乘法分配律（课时4）
            │                 │
            │                 └─ 解决问题策略多样化（课时5）
            │
  运算定律 ──┤                 ┌─ 减法、除法的性质（课时6）
            ├─ 减法、除法运算定律 ─┤
            │                 └─ 减法、除法的性质的应用（课时7）
            │
            └─ 整理与复习（以思维导图的形式，系统梳理各知识间的联系）
```

### 4. 人教版三年级上册"多位数乘一位数"

（1）横向解读——读懂单元知识之间的联系。以下是"多位数乘一位数"这个单元在原教材中的具体编排体系。

```
                                        ┌─ 整十、整百、整千数乘一位数  例1
                        ┌─ 口算乘法 ──┤
                        │               └─ 两位数乘一位数（不进位）  例2
                        │
                        │               ┌─ 两、三位数乘一位数（不进位）  例1
        多               │               │
        位               │               ├─ 两、三位数乘一位数（进位）  例2、例3
        数 ───┤          笔算乘法 ──┤
        乘               │               ├─ 有关0的乘法  例4
        一               │               │
        位               │               └─ 三位数中间（末尾）有0的乘法  例5、例6
        数               │
                        │               ┌─ 用估算解决问题  例7
                        └─ 解决问题 ──┤
                                        └─ 用乘、除法解决问题  例8、例9
```

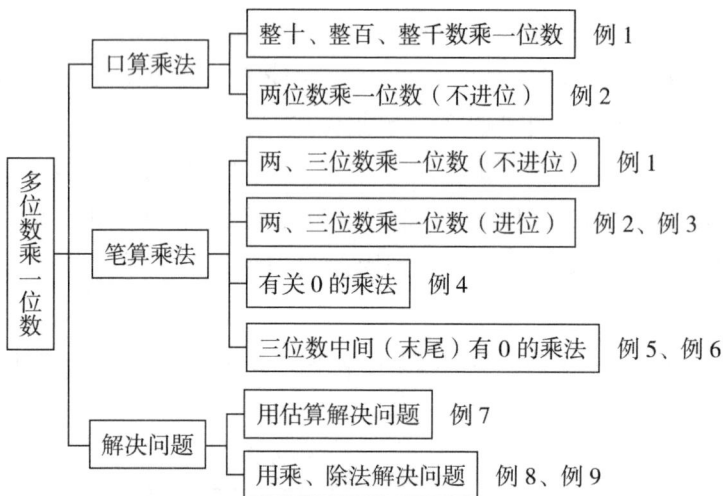

（2）纵向解读——读通知识体系，找准学习生长点。学生在学习这个单元之前已经学习了表内乘法（已经会进行一位数乘一位数的口算）。这个单元中整十整百数乘一位数可以直接借助小棒，转化为一位数乘一位数。而两位数乘一位数的口算也可以直接利用转化的数学思想进行学习，把两位数乘一位数转化为整十数乘一位数和一位数乘一位数。这个转化的过程其实可以用笔算的过程来呈现，因此我们认为笔算除法可以和口算乘法进行整合。本单元的教学可以以转化的数学思想为线索进行结构化教学。

（3）通过教材的解读，我们对本单元的教材编排做了如下的调整，第一课时先学习整十、整百、整千数乘一位数的口算，第二课时学习多位数乘一位数的口算和笔算（不进位），第三课时再学习多位数乘一位数的口算和笔算（进位）……通过把多位数乘一位数口算和笔算乘法进行整合，让学生体会到口算乘法经历的"拆""乘""合"的过程，可以直接用乘法竖式来表达。而通过"拆"可以把没学过的两位数乘一位数，转化成学过的整十数乘一位数和一位数乘一位数，然后分别相乘，再把乘的结果合起来。"拆""乘""合"的方法和转化的数学思想，帮助学生对笔算乘法的迁移学习奠定了结构化的基础，孩子们在本节课中就能迁移出三位数乘一位数、四位数乘一位数乃至多位数乘一位数，其实算法都是一致的，也为后续学习两位数乘两位数和三位数乘两位数奠定了结构化的基石。

**5. 人教版三年级下册"两位数乘两位数"、四年级上册"三位数乘两位数"**

（1）横向解读——读懂单元知识之间的联系。"两位数乘两位数"和"三位数乘两位数"分别安排在三年级下册和四年级上册，以下是教材编排的体系。

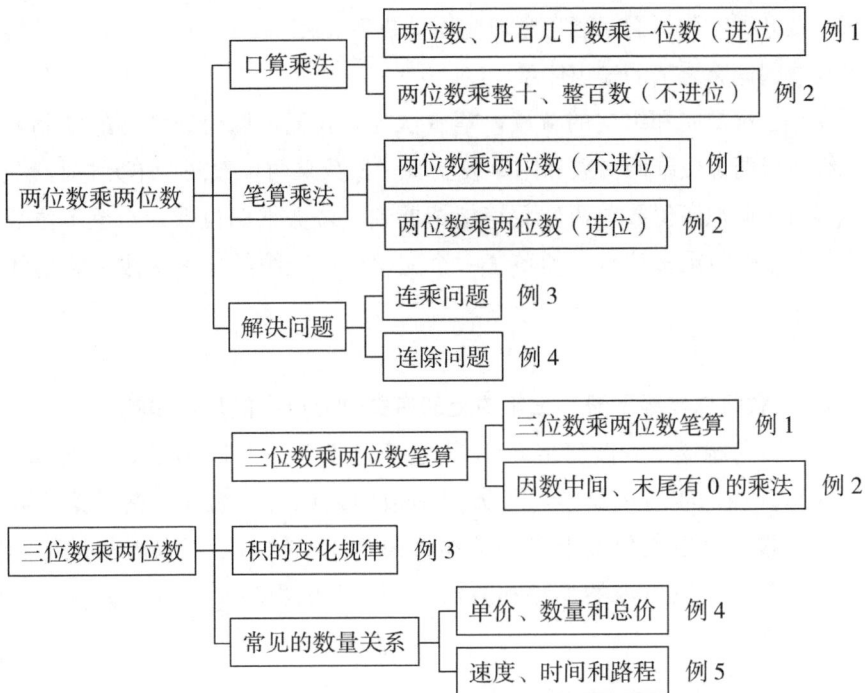

（2）纵向解读——读通知识体系，找准学习生长点。两位数乘两位数和三位数乘两位数在算理和算法上都具有一致性的特征，因此我们在三年级上册学习"多位数乘一位数"时，就已经感悟了转化的数学思想，掌握了"拆""乘""合"的计算方法。因此在教材解读的过程中，我们希望能建构起笔算乘法算法的结构化和一致性。我们决定把两位数乘两位数和两位数乘三位数的教材内容进行整合。教学两位数乘两位数时，借助 12 捆书的图，让学生通过分一分，把两位数乘两位数拆成两位数乘一位数，或者把两位数拆成整十数和一位数再相乘，感悟两位数乘两位数也是需要借助拆、乘、合实现把新知转化为旧知的过程，在此基础上引出，如果第一个因数是三位数，那该怎样算？通过对比抽象，概括出不论第一个因数是几位数，只要与两位数相乘，都可以把两位数拆成整十数和一位数，再分别与第一个因数相乘，最后把乘积合起来。这样就把两位数乘两位数的计算自然地与多位数乘两位数的计算形成了结构化。在此基础上我们还能进行拓展延伸，如果是三位数乘三位数又该怎么办呢？孩子们就能自觉地应用"拆""乘""合"的方法，通过转化思想建立起笔算乘法的知识体系。

（3）通过横向和纵向的解读，笔者认为，我们可以突破教材的限制，把三年级下册两位数乘两位数和四年级上册三位数乘两位数两个单元进行整合，在三年级下册把两位数乘两位数直接拓展到三位数乘两位数，乃至多位数乘两位数和多位数乘多位数，给孩子一个完整的、系统的学习乘法笔算的体验过程。

### 6. 人教版二年级下册、三年级上册有关"万以内的加法和减法"

（1）横向解读——读懂单元知识之间的联系。万以内的数的加减法，第一次出现在二年级下册学习了万以内数的认识后，编排了整百整千数的加减法；接着又在三年级上册第二和第四单元安排了"万以内的加法和减法（一）"和"万以内的加法和减法（二）"的内容，以下是教材编排的体系。

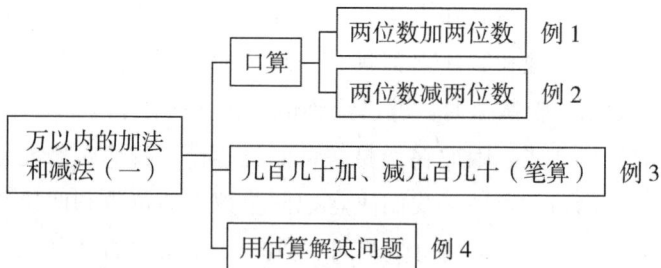

```
                        ┌─────────────────────────────┐
                        │ 三位数加三位数（不进位）    │ 例1
                        ├─────────────────────────────┤
                 ┌──加法─┤ 三位数加三位数（一次进位）；│ 例2
                 │      │ 总结计算法则                │
                 │      ├─────────────────────────────┤
                 │      │ 三位数加三位数（连续进位）；│ 例3
                 │      │ 加法的验算                  │
                 │      └─────────────────────────────┘
                 │
 ┌─────────────┐ │      ┌─────────────────────────────┐
 │ 万以内的加法 │─┤      │ 三位数减三位数（不退位）    │ 例1
 │ 和减法（二）│ │      ├─────────────────────────────┤
 └─────────────┘ ├──减法─┤ 三位数减三位数（连续退位）；│ 例2
                 │      │ 总结计算法则                │
                 │      ├─────────────────────────────┤
                 │      │ 三位数减三位数（连续退位，  │ 例3
                 │      │ 中间有0）；减法的验算       │
                 │      └─────────────────────────────┘
                 │
                 └──解决问题── 例4
```

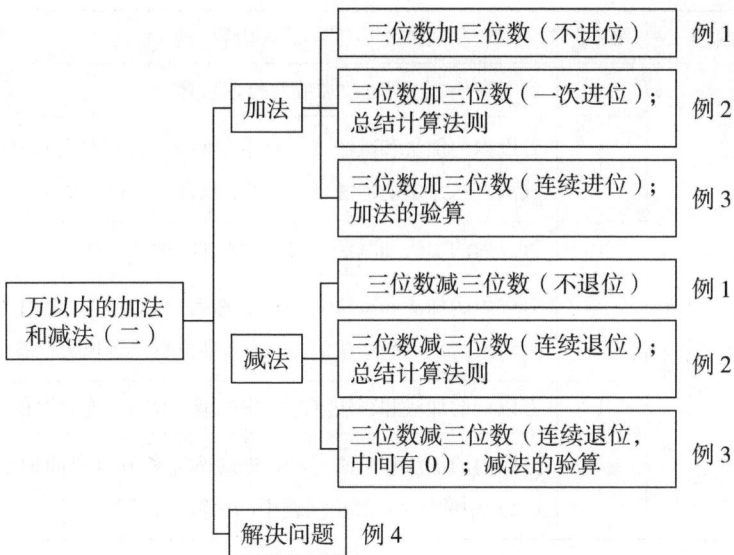

（2）纵向解读——读通知识体系，找准学习生长点。从教材编排的横向体系来看，这样的编排把原本有联系、系统、整体的知识分解得过于零散，似乎有些不太合适。再从纵向联系来看，孩子们从一年级开始学习 10 以内数的加减法、20 以内的进位加减法、100 以内的两位数加减法等知识，已经具备了丰富的计算经验，体会到通过转化思想能帮助我们把遇到的新的计算转化为已经学过的知识来解决，学习万以内数加减法的时候，就可以应用这些思想方法和学习经验，把新知识转化为已经学过的旧知识，把万以内数的加减法的计算纳入到原有的 100 以内加减法的计算体系中。通过横向和纵向的分析，我们认为教学中我们可以把万以内加法和减法（一）和万以内加法和减法（二）两个单元的内容进行统整。

（3）以下是统整后的课时安排。

| 单元内容 | 课时 | 内容 |
|---|---|---|
| 万以内的加法和减法（一）与万以内的加法和减法（二）整合 | 1 | 例1和例2：两位数加减两位数口算 |
| | 1 | 万以内的加法和减法（一）中的例3（1）和万以内的加法和减法（二）中的加法例1、例2整合：多位数加多位数笔算 |
| | 1 | 万以内的加法和减法（二）中的加法例3：连续进位 |
| | 1 | 万以内的加法和减法（一）中的例3（2）和万以内的加法和减法（二）中的减法例1、例2多位数减多位数笔算 |
| | 1 | 万以内的加法和减法（二）中的减法例3：连续退位 |
| | 1 | 万以内的加法和减法（一）中的例4和万以内的加法和减法（二）中的例4：解决问题中的精算和估算 |

通过统整，孩子们就能更好地理解加减法笔算方法之间的一致性；通过解决问题的整合，孩子们就能真正领悟解决问题时应该根据实际情况灵活选择精算或估算，切实提升学生的运算能力和应用意识。

## （二）图形与几何领域案例

### 1. 人教版五年级上册"多边形的面积"

（1）横向解读——读懂单元知识之间的联系。以下是"多边形的面积"这个单元在原教材中的具体编排体系。

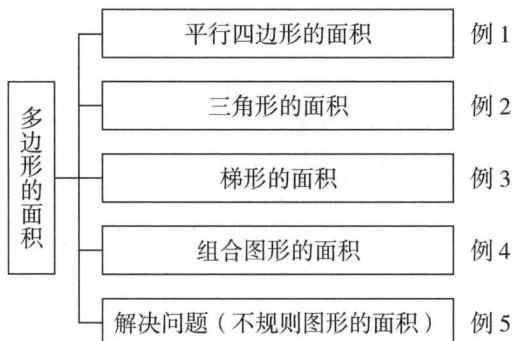

多边形的面积
- 平行四边形的面积　例1
- 三角形的面积　例2
- 梯形的面积　例3
- 组合图形的面积　例4
- 解决问题（不规则图形的面积）　例5

（2）纵向解读——读通知识体系，找准学习生长点。

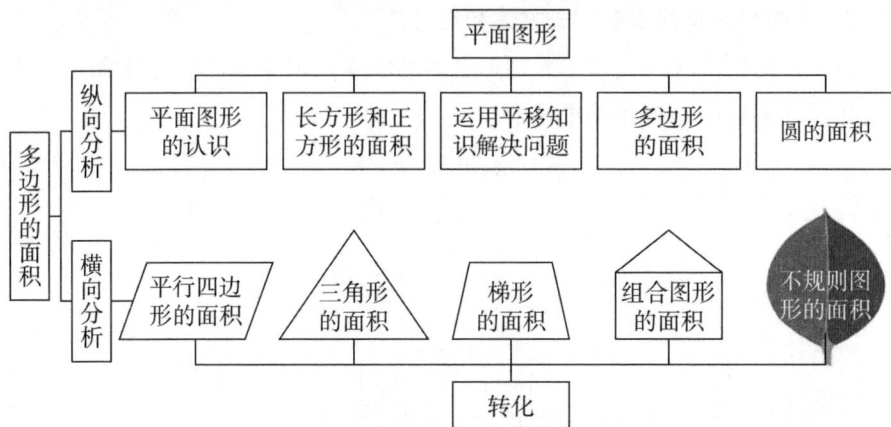

（3）读通知识和思想方法间的内在联系之后，笔者大胆地对教材内容进行了结构化的处理，以下是整合后教材内容、所对应的教学目标和侧重点。

| 整合后 | 课时 | 内容目标与侧重点 |
|---|---|---|
| 平行四边形的面积 | 1 | 理解并掌握平行四边形的面积计算公式及推导过程，侧重发现转化方法。 |
| 三角形的面积 | 1 | 理解并掌握三角形的面积计算公式及推导过程，侧重实现转化的多样化。 |
| 梯形的面积 | 1 | 理解并掌握梯形的面积计算公式及推导过程，侧重体会梯形计算公式为何会成为万能公式，梯形上底的点如何通过运动变化，转化为三角形或者是平行四边形，从而通过梯形面积公式的变形，得到平行四边形或者三角形的面积计算公式。理解公式之间的本质联系。 |
| 组合图形的面积 | 1 | 认识组合图形，计算组合图形的面积，侧重转化方法的综合应用。 |
| 解决问题 | 1 | 估测不规则图形的面积，培养估测意识，侧重转化方法的拓展应用。 |
| 整理和复习 | 1 | 以思维导图形式，系统地梳理各知识之间的联系。 |

### 2. 人教版五年级下册"长方体和正方体"

（1）横向解读——读懂单元知识之间的联系。以下是"长方体和正方体"这个单元在教材中的具体编排体系。

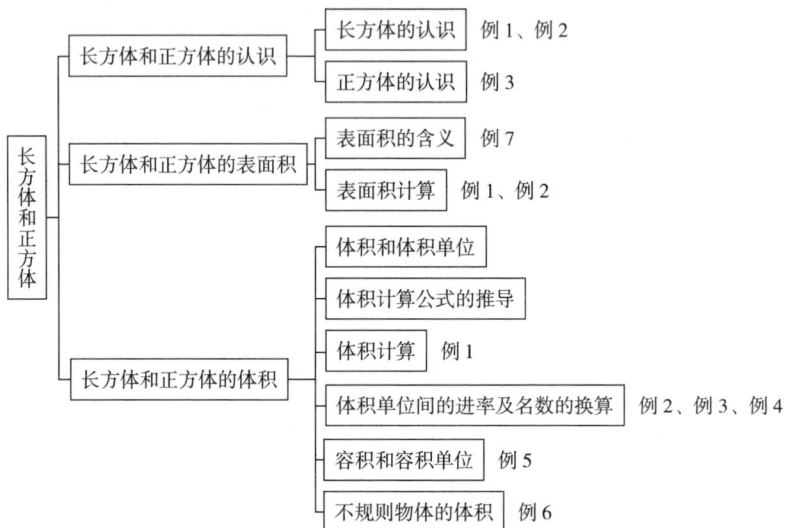

（2）纵向解读——读通知识体系，找准学习生长点。

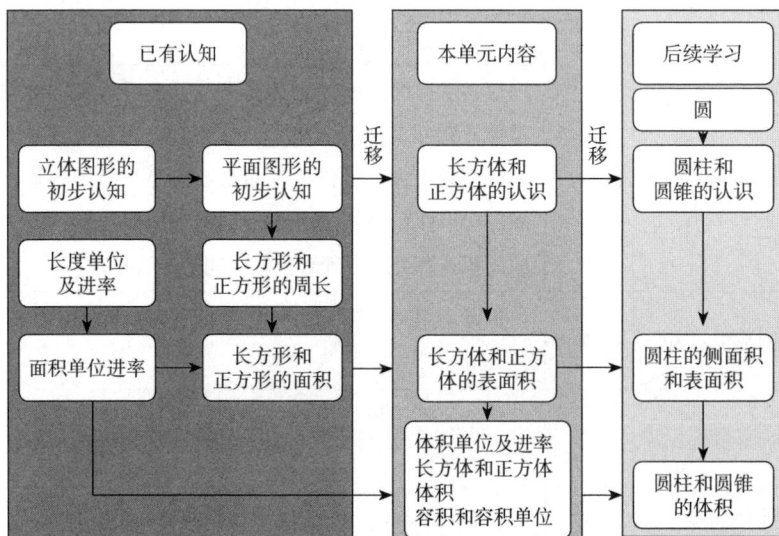

（3）通过横向和纵向的分析，得出本单元实施结构化教学的总体设想如下图：

| 课时内容 | 课时 | 结构化设计思路 |
|---|---|---|
| 长方体和正方体的认识 | 1 | 1. 从切萝卜入手引入面、线（棱）、点（顶点）。<br>2. 通过搭长方体框架理解长方体棱的特征。<br>3. 通过选面，体会面的特征。<br>4. 通过面的平移，体会立体图形与之前学过的平面图形之间的关系，建立点、线、面、体之间的联系，为后续表面积、体积相关知识的学习奠定基础，发展空间观念和推理意识。 |
| 长方体、正方体的展开图 | 1 | 感受立体图形中的长、宽、高与展开后平面图形的长宽之间的关系，立体图形展开后面与面之间的关系，发展空间观念和推理意识。 |
| 长方体、正方体的表面积 | 1 | 能应用长方体、正方体展开图自主探索长方体、正方体的表面积计算方法，能根据实际情况灵活解决不完全面与表面积相关的问题。 |
| 体积与体积单位 | 1 | 1. 利用学生已有的生活经验，通过具体生动的乌鸦喝水故事，以及生活中在杯子里放小土豆、抽屉放入书包的例子，感受物体占有空间，并借助抽屉中放入书包与放入数学书感受的不同，体会物体所占的空间有大小，在充分感悟的基础上，概括体积的概念。<br>2. 从长度单位、面积单位入手，大胆推理猜想体积单位有哪些，接着打开书本验证猜想，并根据体积单位的规定用橡皮泥制作一个 1 立方厘米的正方体，在生活中找到体积是 1 立方分米和 1 立方米的物体，发展学生量感和空间观念，建立起长度、面积和体积单位之间的结构化关系，为后续学习体积单位的进率做铺垫。 |

续表

| 课时内容 | 课时 | 结构化设计思路 |
|---|---|---|
| 长方体、正方体体积的计算 | 1 | 从面积的计算公式是怎样推导的入手，放手让学生经历猜想、验证的过程，借助旧知识和旧经验从不同角度探索长方体、正方体体积的计算公式。感受二维空间与三维空间之间的联系，体会立体图形体积度量与平面图形面积度量之间的一致性。 |
| 体积单位之间的进率 | 1 | 从长度单位相邻两个单位之间的进率是10，到面积单位相邻两个单位之间的进率是100，引发学生大胆猜想，体积单位相邻两个单位间的进率是多少？在此基础上借助线、面、体之间的变化和关联，感受一维线段只关注长短，二维面积既关注长还关注宽，而体积是三维的，既要关注长和宽，还要关注高。通过这样的结构化，学生们很好地建立起长度、面积、体积单位之间的关联。 |
| 容积 | 1 | 建立起容积与体积之间的区别与联系，二者都与体积有关，只是一个是内部所能容纳的空间，一个是外部所占空间的大小，计算方法一致，测量方法不同。所有的体积单位都可以作为容积单位，只是在度量容纳液体的体积时，多了升与毫升这两个单位，这两个单位与立方分米和立方厘米之间又是一致的。找准关联，就能形成知识体系，学生在这个过程中学会了数学推理。 |
| 不规则物体的体积 | 1 | 借助水和规则的容器，把不规则物体转化为规则的物体，度量它的体积。 |

# 第二节　一课多轮探索有效的结构化教学案例

单元教材的结构化解读，为我们实施结构化教学提供了思路和依据，在进行教学设计时，我们就可以依据单元结构化解读的思路，设计并实施结构化的教学。在实践中我们采用了一课多轮的方式展开研究，并在丰富案例的基础上，提炼实施结构化教学的有效策略。

我们沿着以下几个流程开展一课多轮的实践：前测（了解学生学情找准学习起点）—研读（深度解读教材内容，根据结构化思路合理灵活整合教材）—初试（根据教材和学生的特点设计并实施结构化的教学）—后测（通过后测评价检验教学目标是否实现，反馈教学中的问题）—反思（根据后测反馈出的数据，对前期的设计和教学实践进行反思）—重建（在反思的基础上进行改进，设计并实施新的教学方案）—推广（通过多次重建，形成经典案例，推广应用中不断完善）—提炼（在丰富案例的支撑下提炼出各个领域实施结构化教学的有效策略）。下面以四年级上册"三位数乘两位数"教学为例，来展示我们探索结构化教学的实践过程。

## 一、前测——通过前测了解学生的已有认知经验

新课程标准指出，数学教学活动必须建立在学生的认知发展水平和已有的知识经验基础之上。因此我们在实施教学之前要充分了解学生的认知状况、准确地了解学生的困惑、需求和思维过程中的难点，才能有针对性地开展教学。学生在学习新知之前并不是一张白纸，不同的学生，课前的知识和经验储备是不同的。只有充分了解学生的认知状况才能把我们的教学建立在学生的"最近发展区"内。比如在教学"三位数乘两位数"时，大部分教师都认为，这节课的主要目标是让学生经历探索三位数乘两位数的计算过程，理解

三位数乘两位数的算理并掌握算法，于是花了大量的时间和精力让学生去探索算理和算法。可是，研讨活动的前测数据，却让我们这些精于用自己的经验来进行教学设计的教师感到惊讶。以下是前测单和前测的数据。 （如图 2-7、图 2-8，表格中的数据均四舍五入保留小数点后一位）

四（1）前测统计结果（共 57 人）

| 第一题 | | 第二题 | | | |
|---|---|---|---|---|---|
| 正确 | 错误 | 正确 | 错误 | | |
| | 算错 | | 进位 | 数位对错 | 不会算 |
| 55 人 | 2 人 | 51 人 | 2 人 | 2 人 | 2 人 |
| 96.5% | 3.5% | 89.5% | 3.5% | 3.5% | 3.5% |

图 2-7　前测数据

前测单

1. 某小学的教学楼共有 14 间教室，每个教室内有 42 套桌椅，一共有多少套桌椅？

解答：算式：＿＿＿＿＿＿＿＿＿＿

竖式： 4 2

× 1 4

表示

表示

表示

2. 你会竖式计算吗？试试看：

134×12 =

图 2-8　学生前测单

前测数据告诉我们，对于三位数乘两位数，学生因为有了两位数乘两位数的认知经验做基础，都能自主进行迁移，在教学之前就有 89.5% 的孩子已经掌握方法并能进行准确计算。找准了学生学情情况，接着我们就着手对教材进行深度研读。

## 二、研读——从知识结构化角度深研教材

我们通读了一年级到六年级关于乘法笔算的相关教材内容，梳理出来三位数乘两位数相关知识的前世、今生和来生，也就是相关知识的纵向联系和内在逻辑组成：

二年级上册表内乘法—三年级上册多位数乘一位数—三年级下册两位数乘两位数—四年级上册三位数乘两位数—五年级上册小数乘法……

通过对教材的研读，我们发现三位数乘两位数这个内容因为有了两位数乘两位数做基础，计算算理和算法学生都能自动迁移达成目标，但是教材编排到三位数乘两位数后，整数乘法的教学就告一个段落，不再进行更多位数乘法的教学了，而到了小数乘法这个单元教学时，常常出现三位数乘三位数，甚至是三位数乘四位数的计算，学生对于这样的计算不仅错误率极高，而且不能灵活应用简便的方法进行计算。基于对教材结构化的分析，我们发现，如何对该部分内容进行结构化的设计和教学，帮助学生建立起笔算乘法的算理的一致，培养学生的运算能力和推理意识是该部分内容教学的重要目标，那如何让这一目标真正落地呢？我们展开了教学实践。

## 三、初试——尝试设计并实施体现结构化特征的教学

通过对教材的解读，结合学情的特点，我们设计了以下几个教学环节，试图建构起多位数乘多位数计算方法的一致性，从而提升学生的运算能力。

### （一）复习铺垫，以旧引新

#### 1. 情境引入，提出问题

师呈现大华和小薇外出旅游的相关信息。

| | 交通工具 | 速度 |
|---|---|---|
| 大华 | 大巴 | 平均 45 千米/时 |
| 小薇 | 火车 | 平均 145 千米/时 |

问 1：从题目中，你能得到哪些数学信息？

问 2：根据已知信息，你想提出什么数学问题？

**2. 自主思考，解决问题**

师：现在，我们先来解决"大华乘坐的大巴行驶了多少路程？"这个问题，你会怎样列式？为什么用乘法来解决？

师：那这道题，你会计算吗？

（生独立计算，师收集、展示学生作品，并引导学生说说计算的过程，以及每一步在题目中的具体含义。）

（师生共同小结两位数乘两位数的计算方法。）

## （二）方法迁移，建构新知

1. 师：接下来，我们来解决"小薇乘坐的火车行驶了多少路程？"这个问题，你会怎样列式？（145×12＝）

2. 师：观察算式，与之前复习的这道题有什么不同的地方？（由此引入课题——三位数乘两位数。）

3. 请大家先试着估一估，145×12，大约等于多少？

4. 师引导学生尝试列竖式得出精确的结果。

5. 收集学生作品展示交流。

（1）汇报计算的过程。

（2）说说两层计算结果是怎么来的？在题目中具体含义是什么？

6. 新旧对比，算法一致。

师：对比这两道算式，它们之间有什么相同的地方呢？先想一想，再和你的同桌说一说。

生：它们都是算了两层。第一层用 2 乘第一个因数，第二层都是用 10 去乘第一个因数。第一层都表示 2 小时的路程，第二层都表示 10 小时的路程。

师：都是算两层，又有什么不同点呢？

生：一个是两位数乘两位数，一个是三位数乘两位数。

师：老师发现，我们班有一个同学列的竖式是三层的，你们猜，他是怎样算的？

（展示学生作品。）

师：你看懂了吗？谁来说一说？

（预设：把 12 写在上面，145 写在下面，那么就要用 145 的三个数分别去乘 12，就需要算三层。）

对比两种算法，你有什么发现？

生：发现算几层，由第二个因数决定，第二个因数是几位数，就要算几层。

师：如果是你，你会选择哪种算法？为什么？

生：会选第一种算法，因为更加简洁。

7. 小结：三位数乘两位数的计算方法。


（三）课堂练习

1. 列竖式计算。

$245 \times 28 =$　　　　　　　　　　　$36 \times 125 =$


2. 根据下边这个算式，能够直接解决下面的问题吗？

$$
\begin{array}{r}
1\ 7\ 6 \\
\times\quad 4\ 7 \\
\hline
1\ 2\ 3\ 2 \\
7\ 0\ 4\phantom{0} \\
\hline
8\ 2\ 7\ 2
\end{array}
$$

$176 \times 7 = (\quad)$

$7040 \div 40 = (\quad)$

$176 \times 7 + 176 \times (\quad) = (\quad)$

3. 猜一猜下面算式中的错误，并改正过来。

$$
\begin{array}{r}
1\ 3\ 4 \\
\times\ \ \ 1\ 6 \\
\hline
\end{array}
$$

$$
9\ 3\ 8
$$

$$
\begin{array}{r}
3\ 4\ 2 \\
\times\ \ \ 3\ 2 \\
\hline
\end{array}
$$

$$
9\ 9\ 4\ 4
$$

4. 仔细观察，想想下面的竖式是在计算右边哪一道题？

A. $734 \times 12$

B. $172 \times 74$

## 四、后测——评价检验教学目标是否实现，反馈教学中的问题

课堂实施后，我们满怀期待地进行了后测，以下是后测结果。（如图 2-9）

### 后测单（四年（1）班）

竖式计算：

$245 \times 28 =$

后测结果：

| 正确 | 错误 | | | | |
|---|---|---|---|---|---|
| | 进位错 | 数位对错 | 没有乘百位 | 乘积末尾"0"没写 | 不会算 |
| 36 人 | 15 人 | 1 人 | 2 人 | 2 人 | 1 人 |
| 63.2% | 26.3% | 1.8% | 3.5% | 3.5% | 1.8% |

竖式计算：$36 \times 125 =$

后测结果：

| 正确 | 简便算法计算 | 没有简便分三步 | 没简便倒着算 |
|---|---|---|---|
| 42 | 15 | 13 | 14 |
| 73.9% | 26.2% | 22.8% | 24.0% |

图 2-9　后测数据

### 五、反思——根据后测反馈出的数据，对前期的设计和教学实践进行反思

上面后测的结果让所有听课老师大失所望——245×28 这道题计算正确率只有 63.2%，36×125 这道题的正确率仅达 73.9%。当然，有人说这样的数据不足以作为否定这节课教学效果的证据，因为后测中的题目，数据变复杂了，出现了连续进位和末尾有零，以及两位数乘三位数的情况，当然正确率会下降。但从这组数据中我们不难看出，算理的理解、算法的掌握并不是本节课的重点和难点，难的是如何通过教学真正勾连起知识之间的结构关系，让孩子真正体会多位数乘多位数计算方法的一致性，真正理解如何在算对的基础上算得简洁又合理，最终实现提升学生运算能力的目标。

### 六、重建——找准"最近发展区"，因需而教，实现长足的发展

维果茨基的"最近发展区"理论告诉我们，教师在教学过程中，要找准学生的"现实发展水平"和"潜在发展水平"，把教学起点设置在学生的"现实发展水平"之上，通过教学让学生实现从"现实发展水平"向"潜在发展水平"的飞跃。通过前测，我们找准学生学习起点；通过后测我们发现了教学中的不足，根据学生的认知起点和要实现的目标来调整预案。我们决定通过沟通多位数乘多位数的算法一致性来建构多位数乘法的结构化学习模式，通过对算法一致性的理解提升学生的运算能力和推理意识，让学生在获得"四基""四能"的基础上，实现核心素养的发展。以下是重建后的教学设计。

（一）自主探究，迁移旧知

（与第一次尝试相同）

（二）探索新知

### 1. 尝试解决

师：接下来，我们来解决"小薇乘坐的火车行驶了多少路程?"这个问题，你会怎样列式?

生：145×12＝。（板书）

师：观察黑板上这两道算式，它们有什么不同呢?

生：一个是两位数乘两位数，一个是三位数乘两位数。

师：是的，这就是我们今天要学习的新知识——三位数乘两位数。（板书）

师：请大家先试着估一估，145×12，大约等于多少?

生：150×10＝1500。

师：那我们想要知道准确的结果，该怎么办呢?

生：列竖式。

师：那就动手试试吧!

（请一个学生板书，教师巡堂。）

师：同学们都写好了吗?你们看，这个竖式，你看懂了吗?有什么问题想问他?

生：两层计算结果是怎么来的?在题目中具体含义是什么?

（其他学生阐述自己的想法。）

师：大家能利用旧知识，解决新问题，化新为旧，真是太棒了。


### 2. 新旧对比，算法一致

师：对比这两道算式，一道是两位数乘两位数，另一道是三位数乘两位数，它们之间有什么相同的地方呢?

师：先想一想，再和你的同桌小声说一说。

师：想好了吗?谁来说一说?

生：它们都是算了两层。

师：具体说说看，这两层分别是怎么算的?

生：第一层是用个位上的 2 乘第一个因数得到的结果，第二层是用 10 去乘第一个因数得到的结果。

师：看来呀，它们都是把 12 怎么样？

生：拆开来算。（板书：拆）

师：拆开后，怎么做？

生：接着先用个位上的 2 去乘第一个因数，再用十位上的 1 去乘第一个因数。

（板书：乘）

师：然后怎么做？

生：把两次乘得的结果合起来。

（板书：合）

师：看来，刚才的计算，我们都经历了哪些过程？

生：拆—乘—合的过程。

师：继续说清三个步骤。

师：都是算两层，又有什么不同点呢？

生：每一层算的次数不同。两位数乘两位数中，每一层只需要乘两次；三位数乘两位数中，每一层需要乘三次。

师：同学们真会观察。我们发现，两位数乘两位数，要算两层；还发现三位数乘两位数也是算两层。（师边说边板书）

师：都是先把第二个因数拆开（拆），第一层都是用个位上的数去乘第一个因数，结果表示几个一；第二层都是用十位上的数去乘第一个因数，结果表示几个十（乘），再把两层结果合起来（合）。

师：那如果四位数乘两位数，要算几层呢？（板书跟进）

生：两层。

师：五位数乘两位数呢？（板书跟进）

生：两层。

师：谁能试着总结一下？

生：无论是几位数乘两位数，都是算两层。

（师板书 ）

师：第一层表示的都是？

生：几个一。

师：第二层表示？

生：都是几个十。

师：同学们太棒了，既会计算，还会观察总结。

### 3. 不同方法，对比感受

师：老师刚才发现，我们班有一个同学在计算这道题时，列的竖式是三层的，他的结果也是正确的。

师：你们猜一猜，他是怎样算的？把你的想法写一写。

（展示学生作品。）

师：你看懂了吗？谁来说一说？

生：把 12 写在上面，145 写在下面，那么就要用 145 的三个数分别去乘 12，就需要算三层。

师：也就是说，先把 145 拆开。

生：拆成了 5 个一、4 个十、1 个百（拆），再分别去乘 12，得到的结果表示 60 个一，48 个十，12 个百（乘），最后再把它们合起来（合）。

师：同样都是计算 145×12，为什么一个用了两层就算出来，另一个用了三层才算出来呢？

（学生发现，因为第二个因数不同。）

师：看来，要算几层，跟谁有关呢？

生：跟第二个因数有关，第二个因数是几位数，就要算几层。

师：那刚才，第二个因数是两位数的时候，我们都要算两层，现在，第二个因数是三位数，我们要算几层？

生：算三层。

师：那第三层就是算百位上的数乘第一个因数，得到的结果就表示什么？

生：几个百。

师：所以末尾要和百位对齐，太棒了。

师：以此类推，如果乘四位数，要算几层？

生：算四层。

师：真的是这样吗？来，这道题你觉得要算几层？

（课件出示：134×1234）

（学生出现争议，有的认为要算四层，有的认为要算三层。）

师：算三层的同学，谁来说一说？

生：把134放在下面一层，就只需要算三层了。

师：同学们，你们更喜欢哪一种算法？为什么？

生：更喜欢算三层的，比较简便。

师小结：看来，我们在计算的时候，不仅要会算，还要会选择简便的方法来算。

师：现在，谁来总结一下，三位数乘两位数的算法？

生：先把第二个因数拆开，再分别用每一位上的数去乘第一个因数；最后把计算的结果合起来。

师：那如果是三位数乘三位数呢？

生：也是把第二个因数拆开，再分别用每一位上的数去乘第一个因数，最后把得到的结果合起来。

师：看来无论是几位数乘几位数，都要经历拆—乘—合的过程。第二个因数是几位，就要算几层。

师：同学们，在今天的学习中，我们从两位数乘两位数，迁移出了三位数乘两位数，甚至是多位数乘多位数的算法（板书更替为多位数乘多位数）。无论是几位数乘几位数，都是把第二个因数拆成几个一、几个十、几个百等等，再分别去乘第一个因数，最后把结果合起来。经历拆—乘—合的过程。

### （三）课堂练习

1. 列竖式计算。

$176 \times 47 =$                                                          $123 \times 1134 =$

2. 根据左边这个算式，能够直接解决下面的问题吗？

```
      1 7 6
  ×     4 7
  ─────────
    1 2 3 2      176 × 7 = (      )
      7 0 4      7040 ÷ 40 = (      )
  ─────────
    8 2 7 2      176 × 7 + 176 × (      ) = (      )
```

课后我们利用课堂练习的两道题进行了后测，以下是后测的结果。（如图 2-10）

| 题目 | 第一大题<br>第一小题 | 第一大题<br>第二小题 | 第二大题<br>第一小题 | 第二大题<br>第二小题 | 第二大题<br>第三小题 |
|---|---|---|---|---|---|
| 正确人数 | 52 | 49（其中有 45 人交换因数位置简算） | 57 | 54 | 54 |
| 正确率 | 91.2% | 86.0% | 100% | 94.7% | 94.7% |

图 2-10　后测结果

从后测结果看出，这样体现知识和方法联系的结构化教学不仅让学生理解掌握了多位数乘多位数的算理和算法，而且有效地提升了学生的运算能力和推理意识，学生的数学素养在课堂中也得到了真正的发展。由此我们还进行了大胆的延伸。

## 七、推广——从一节课推广到一类课

我们通过研究发现，小学阶段笔算乘法的教学（包含三年级上册的多位数乘一位数、三年级下册的两位数乘两位数、四年级上册的三位数乘两位数乃至多位数乘多位数）其实都可以用"拆""乘""合"的方法为线索，设计出体现结构化特征的课堂教学内容，帮助学生理解掌握算理和计算方法，同时提升学生的运算能力。三年级教学完整十数（整百数）乘一位数的口算后，可以对两位数乘一位数的口算和笔算进行整合，借助小棒帮助学生理解两位数乘一位数口算的算理（把 12 先"拆"成 10 和 2，再用第二个因数 3 分别去"乘" 2 和 10，最后把两次乘的结果"合"起来），在此基础上，让学生把这个"拆""乘""合"的过程用竖式表示出来。借助学生的作品，引导学生找出不同的竖式表示方法中的相同之处，为他们架起算理的直观和算法抽象的桥梁。到了三年级下册，学习两位数乘两位数时，孩子们就能自主地应用"拆""乘""合"的方法，把两位数乘两位数中的第二个因数"拆"成整十数和一位数，分别去"乘"第一个因数，再把乘的结果合起来。在孩子们理解了两位数乘两位数的算理的基础上，就能拓展出三位数乘两位数以及多位数乘两位数，甚至是多位数乘多位数了。以下是对三年级上册多位数乘一位数和三年级下册两位数乘两位数的教学设计。

### 人教版三年级上册"多位数乘一位数"

#### （一）创设情境，导入新课

我们已经学过了整十数乘一位数的口算，这节课我们继续来探究两位数乘一位数的计算方法。

请看这幅图，你能提出什么数学问题？

#### （二）合作交流，建构新知

### 1. 口算

（1）出示学生列出的算式 12×3。

师：12×3 与我们之前学过的整十数乘一位数有什么不同？12×3 等于几 你会口算吗？请你们先用自己的方法口算出结果，如果有困难可以拿出小棒 来帮忙。

（2）结合小棒分析口算中每一步的意义：2×3 求的是什么？10×3 求的 是什么？

（3）同桌之间说一说你是怎么算出 12 乘 3 的？利用小棒边摆边说，把计 算的过程表示出来。

（4）观察口算的过程，说说分为几步来计算？

（5）小结：口算经历 3 个步骤，在计算的过程中，我们把 12 拆成 10 和 2，分别与 3 相乘，最后将 6 和 30 合起来。

（6）沟通知识，渗透方法：为什么要先把 12 拆成 10 和 2？（新知识转化 为旧知识）

### 2. 笔算 12×3

（1）刚才这个"拆""乘""合"的过程其实可以用竖式来体现，请同学 们尝试着用竖式展示刚才"拆""乘""合"的过程。

（2）展示学生不同的作品，对比中逐渐建构最优算法。

①
$$
\begin{array}{r} 2 \\ \times\ 3 \\ \hline 6 \end{array}
\qquad
\begin{array}{r} 10 \\ \times\ 3 \\ \hline 30 \end{array}
\qquad
\begin{array}{r} 30 \\ +\ 6 \\ \hline 36 \end{array}
$$

②
$$
\begin{array}{r} 12 \\ \times\ 3 \\ \hline 6 \\ 30 \\ \hline 36 \end{array}
$$

③     1 2
   ×    3
     3 6

（3）总结两位数乘一位数竖式计算的方法。

### 3. 沟通口算和笔算形成结构化

观察口算和笔算的过程，它们之间有什么联系？

（都经历了拆、乘、合的过程。）

## （三）练习

1. 竖式计算：

$34 \times 2$              $12 \times 4$             $23 \times 3$

2. 小结：两位数乘一位数是怎么计算的？

先将两位数拆成几个一和几个十，再分别乘一位数，最后把乘的结果合并起来。

## （四）扩展提高

1. 拓展延伸：如果是三位数乘一位数怎么办？你会怎么计算？猜一猜，要乘几次？你有什么发现？

2. 小结：无论是两位数乘一位数、三位数乘一位数、四位数乘一位数，还是多位数乘一位数，都是将多位数按计数单位拆分，分别乘一位数，拆成几个数就乘几次。

学习了两位数乘一位数后，学习两位数乘两位数时，我们就可以引导学生用"拆""乘""合"的方法，自主探索。教学时引导学生思考：（1）$14 \times 12$ 这道题跟我们之前学过的乘法算式有什么不同？（2）两位数乘两位数我们还没学过，遇到没学过的知识，可以怎样进行探索？（3）借助老师提供的 14 套书的情景图，想一想，该"拆"谁？怎样"拆"才能解决这个计算的问题？三个核心问题很好地串联起了两位数乘两位数的计算与两位数乘一位数计算之间的联系，让学生明白学习两位数乘一位数之前，我们只会计算一位数乘一位数和一位数乘整十数，所以我们就把两位数拆成一位数和整十数，这样就把不会计算的两位数乘一位数转化成一位数乘一位数和一位数乘整十数了；学习两位数乘两位数时，我们已经会计算两位数乘一位数和两位数乘整十数了，所以就只要把第二个因数拆成一位数和整十数，就能完成两位数乘两位数的计算了。在转化的数学思想的统领下，利用"拆""乘""合"的方法，实现了化新为旧，探索新知的目标，建构起乘法计算的知识体系。

我们的团队在一次次一课多轮的尝试中，积累了丰富的体现结构化特征的经验，建立起了经典案例库，为后期教学策略的提炼奠定了坚实的实践基础。

## 八、经典教学案例

### 数与运算模块

#### （一）人教版一年级上册"9 加几"

"9 加几"是"20 以内进位加法"单元的起始课，笔者认为这节课是小学阶段渗透数学思想，实现结构化教学的重要内容，通过这节课的教学，不仅要让学生理解掌握"9 加几"的算理和算法，更重要的是要让孩子经历把"9 加几"转化为"10 加几"的过程，感受遇到新知识可以转化为旧知识的数学转化思想，积累化新为旧的经验，有了转化的思想和化新为旧的经验，那么后续计算的学习就能在数学思想的统领下，实现结构化了。

#### "9 加几"教学设计

1. 复习铺垫，导入新课

（1）复习 10 加几的口算。

（2）呈现书本情景图，引导学生列出算式：9＋5，引导观察与之前学过的算式有什么不同，引出课题："9＋几"。

2. 动手操作，探索新知

（1）鼓励学生用自己喜欢的方式算出结果。

（2）汇报交流：A. 一个个数的方法；B. 接着往后数；C. 凑成"十"的方法。

（3）对比择优，理解算理：师生共同利用情景图，通过小棒操作理解凑"十"的方法，并适时引出凑十法的算式表达方式。

（4）独立尝试，掌握算法：师呈现9＋6、9＋2等算式让学生尝试独立用凑十的方法计算结果，有困难的可以借助小棒、圆片等来帮忙。

（5）汇报交流，探索规律：教师引导学生汇报计算的过程与方法，观察比较发现9加几的计算结果与所加的几之间的关系。

3. 引导反思，感悟思想

教师引导学生反思以下几个问题：A. 今天解决的这几道题有什么共同的地方？（都是9加几；计算时都要把它凑成10来计算）B. 今天学习的是9加几，为什么不好好去算9加几，却一定要把它变成10加几来计算？（10加几好算）师引导：10加几不仅好算，而且还是学过的，9加几还没学过，遇到没有学过的新知识，可以把它变成学过的旧知识，这样新问题也就解决了。

4. 拓展延伸，应用思想

那接下来我们要学习8加几，你觉得可以怎么学？（可以把8加几变成9加几或者10加几）但是对比后发现变成9加几不好算，所以我们遇到新问题可以变成学过的简便的旧问题……

【经典案例分析】古代道家学派著作中有一句话："授人以鱼不如授人以渔。"运用到我们的课堂教学中就可以理解为：传授给学生须学的知识，不如传授给学生学习知识的方法。由此可见"授人以鱼"和"授人以渔"是教师在课堂教学中所呈现的两种不同境界，"授人以渔"的教师不仅教给学生知识和技能，还引导学生掌握探索知识的方法，因此比"授人以鱼"的教师教学境界更高一筹，但实践证明，停留在"授人以渔"，传授方法的层次还不够，课堂教学的最高境界应该是"悟其渔识"。何谓"悟其渔识"？要理解"悟其渔识"这一概念，首先先理解"悟"和"识"这两个字。"悟"是领悟的意思，"识"是规律、门道的意思。也就是说教师在引导学生学习知识（授人以鱼）和掌握学习方法（授人以渔）的基础上，要适时地渗透数学思想、感悟解决问题的方法，进而逐步形成自己解决问题的见识和规律、领悟学习数学的门道。由此可见，"授人以鱼"是课堂教学的第一重境界，"授人以渔"则是课堂教学的第二重境界，课堂教学的第三重境界，也就是最高的境界是"悟其渔识"。以9加几的教学为例，如果老师直接告诉孩子9加几，就是从几里拿出1给9，与9凑成10，10加上剩下的几就是十几，也就是9加几的得数，这种设计叫授人以"鱼"，就是直接把计算方法抛给学生。而课程改革后的今天大部分老师不会采用这种授人以"鱼"直接告诉的方法进行教学，大多老师的设计都跟我教学设计中的前三个环节一样：借助情境和学具引导孩子去探索9加几的算法，发现并理解利用凑十法来解决问题，已经达到授人以"渔"的境界。那"悟其渔识"的境界在这节课中该如何实现呢？这就是我设计这节课的真正意图。"悟其渔识"的关键是"悟"，也就是告诉我们在授人以"鱼"、授人以"渔"时，要有意识地分阶段引导学生悟。"悟"从反思中来，因此我在学生经历探索的过程理解并掌握了用"凑十法"解决问题后，留给学生反思的时间和空间，让学生观察比较今天学习的这几道计算题有什么相同的地方？你们都是怎样计算的？并适时抛出一个问题：计算"9加几"为什么要把9凑成10后再计算呢？让孩子感悟到9加几是新知识，学生无法解决，而10加几是学生能熟练计算的旧知识，通过"凑十"就把9加几这个新知识变成10加几这个旧知识，顺利地解决了新问题。这样的设问让孩子在解决问题的同时，又能感悟"转化"的数学思想方法，有了"转化"的数学思想方法的感悟，孩子今后学习8加几、7加几……时，就能主动尝试着把这些新知识转化成已经学过的旧知识，真正做到"举一隅，能以三隅反"。这样的教学设计不仅让学生悟到学习的门道，还帮助学生学会有关联地、结构化地进行学习。

## （二）人教版三年级下册"小数的初步认识"

"小数的初步认识"是在学生三年级上册学习了分数初步认识的基础上进行学习的。小数是特殊的（分母是10、100、1000……）分数的另一种表达方式，我们进行教学时找到 1 角钱，以这个学生熟知的人民币作为媒介，沟通了 0.1 和十分之一之间的联系，从而实现了分数和小数之间的结构化过程。

## "小数的初步认识"教学设计

1. 生活情景，引入小数

师：陈老师给大家带来一个礼物——一个数字造型的橡皮。谁能猜出它的价格，老师就把这个橡皮送给谁。我有一个要求，所猜价格必须以元为单位。只能猜多少元。（学生猜测，正确答案 0.8 元）

师：你们知道 0.8 是什么数呀？

生：小数。

今天就一起来认识小数。（板书：认识小数）

2. 借助经验，初识小数

师：生活中见过小数吗？在哪里见过？

师：陈老师也收集了几个小数，大家一起来看看。

师：像 3.45，0.85，2.60，1.2，1.5 这样的数都叫作小数。有人说小数很好认，它有什么特别之处你们发现了吗？

生：都有一个小圆点。

师：你们知道这个小圆点叫作什么吗？

生：小数点。

师追问：你说的小数点指的是哪？

师：咱们把小数中间这个靠下的小圆点叫作小数点。可别小看了这个小数点，它不仅是小数和整数区别的一个明显特征，还是一个分界符号，它将小数分成了两个部分。

师：你们找到的这些小数，会读吗？

课件出示：某小学建筑面积 1.2 公顷，让学生读。

接着出示：福州地铁二号线的长度 30.17 千米，让学生尝试着读一读。（生$_1$：三十点一十七；生$_2$：三十点一七。）生读后师生通过点评，总结正确的小数的读法。

师：小数的读法有点特别，这个小数读作：三十点一七，小数点前面部分像整数一样的读法，小数点后边的部分像报电话号码一样，依次读出每一个数字。

（师请生再一次把生活中见到的小数读一遍。）

3. 动手操作，认识小数

师：同学们表现太棒了，陈老师要送个大红包给你们，谁来拆一下？

（生拆开后发现是 0.1 元，认为钱太少了。）

师：那 0.1 元是多少钱？

生：1 角。（板书：1 角＝0.1 元）

师：如果我们把一条线段或者一个长方形看作一元，你能想到怎样在这个一元里表示出 0.1 元吗？请同学们拿出学习单，在上面表示出 0.1 元。完成后进行汇报交流。

生₁：我先把这条线段平均分成 10 份，取其中的一份。

师：你们有什么想问问他的吗？

生₂：为什么要平均分成 10 份？

生₁：因为 1 元等于 10 角。

师：所以这样的一份就是 1 角也就是 0.1 元。

生：把一个长方形看作一元，平均分成十份，一份就是 0.1 元。

师：如果用一个圆形表示 1 元，你能表示出 0.1 元吗？

师：为什么用不同图形表示 1 元，你们都可以表示出 0.1 元来？

师：因为 1 元＝10 角，无论用什么图形表示 1 元，只要平均分成 10 份，其中的一份就是 0.1 元。

师：这个过程你们熟悉吗？在学习什么数的时候用过？

生：分数。

师：联系这个分的过程你们想到了哪个分数？（十分之一）

师：十分之一在图中的哪里呢？

生：涂色的部分。

生：就是我们刚刚找的 0.1 元。

师：看来 0.1 元与十分之一元表示的意思是一样的。（板书 1 角＝0.1 元 ＝$\frac{1}{10}$ 元）

师：多有价值的发现，一下子就建立起小数和分数之间的联系。

师：你能用线段表示出 0.2 元吗？这个 0.2 元还可以表示成多少元？

师：我现在想用这条线段表示 1 米，能从图中表示出 3 分米吗？

生₁：把这条线段平均分成 10 份，取其中的 3 份。

其他学生提问：为什么要平均分成 10 份？

生₁：因为 1 米＝10 分米。

师：认真观察，如果用米做单位，3 分米是多少米呢？还可以表示成多少米呢？

师：所以 0.3 米＝$\frac{3}{10}$ 米。

师：0.4 米可以怎么表示？

生：其中的 4 份就是 0.4 米。

（课件出示不同的 4 份。）

师：这段表示 0.4 米可以吗？你们怎么知道这也是 0.4 米？

师：这 4 段每一段是多少米？所以只要包含了 4 个 0.1 米就都可以表示 0.4 米。

师：再认真观察，0.4 米还可以表示多少米？

师：这么一看，小数和分数在不同单位中都有联系。

（课件展示两条线段重合，去掉单位。）现在这 0.1 表示什么？

生：0.1 元。

师：还能表示什么？（0.1 米）0.3 可以表示什么？

在这条线段中你还能找到哪些小数呢？（0.5、0.6、0.7、0.8、0.9）

师：再仔细看看，你发现了什么？

师：咱们今天学的就是零点几都可以表示十分之几。

4. 拓展延伸，应用小数

师：蜗牛想去外面的世界看看，大家看，第一天蜗牛爬到哪儿了？（尺子出示 1 米，蜗牛爬到 0.8 米）第二天，蜗牛继续爬，你们猜猜它爬到了几米？出示课件，蜗牛爬到了井口，出示 1 米 3 分米。你能在这个尺子上找到吗？（课件显示尺子不够，拉长尺子至 1 到 2 米之间）这是几米？

生：1.3 米。

师：还可以怎么表示？

生：表示 1 米 3 分米。

师：你知道这 1 米 3 分米用米做单位是多少米吗？

生：……

【经典案例分析】课堂中，教师巧妙地把一条线段、一个正方形、一个圆看作 1 元，让学生在线段、正方形、圆上表示出 0.1 元，让学生感受 0.1 元是 1 角，而 1 角就是把 1 元平均分成 10 份，表示出这样的 1 份，从而初步感知小数产生的过程，在此基础上引导学生回顾 1 元平均分成 10 份，表示出这样的 1 份与学过的哪个知识有关系，从而帮助学生建立分数十分之几与小数零点几之间的联系，建立起小数和之前学过的分数之间的结构化关系。

## （三）人教版四年级上册"除数不是整十数的笔算除法"

笔者在执教人教版四年级上册笔算除法例 3、例 4"除数不是整十数的笔算除法"前，曾经对北师大版本和人教版两种教材在这一教学内容的编排上做了对比，我发现两个版本的教材在编排时都设计了两个例题，人教版教材是按照四舍法以及四舍法调商作为一个例题，五入法和调商作为第二个例题来编排；而北师大版则恰好与人教版相反，按照四舍法和五入法编排为一个课时，调商的方法则安排在另一个课时中。读完两种教材的编排，笔者感触颇深，四舍法和五入法是不可分割的一个整体，四舍法和五入法试商时调商也是不可避免的存在，在倡导体现结构化特征的课程设计的今天，如果我们把原本必须是结构化的内容拆分成两个课时来完成，势必会给学生的学习带来不好的影响。如何把两个课时的内容巧妙整合，让所学知识更有结构感呢？以下是笔者对这一教学内容的设计与思考。

## "除数不是整十数的笔算除法"教学设计

1. 复习铺垫，感悟思想

（1）师：同学们，最近大家都在学习笔算除法。林老师带来了一道题，想检验一下你们的学习成果，愿意接受挑战吗？

（2）师：（出示 $430÷52＝?$）

请同学们打开笔记本算一算，同时请一个学生上台板书，板书后说说是怎样想出商"8"的。

2. 合作交流，探索新知

（1）化新为旧，四舍法试商

师：今天我们要继续学习笔算除法。请看大屏，谁来说说要解决的是什么问题？430元能买多少盏台灯？

师：会解决吗？怎样列式？说说为什么用除法？

生：求可以买多少盏台灯，就是求430里面有几个52。所以用除法计算，列成竖式是 $430÷52$。

师：仔细观察这个算式，跟我们之前学过的除法算式有什么不同的地方？

生：之前学的除法是除数是整十数的笔算，今天学习的是除数不是整十数的笔算。

师：除数不是整十数该怎样算呢？

生：可以把它估成50来计算。

师：为什么要把除数不是整十数的估成整十数来计算呢？

生$_1$：除数不是整十数的笔算我们还没学过，我们可以把它看作除数是整十数的算式，我们就会算了。

生$_2$：我们可以把除数不是整十数的算式转化为除数是整十数的笔算来计算。把除数52看作50，我们就会算出它的商。

师：那就动手试试吧。

（生计算后师找出两种不同的算法。）老师刚才看到同学们有两种算法，仔细观察，这两种算法有什么相同的地方？有什么不同的地方？

生：一个是用 $8×50$，一个用 $8×52$。

师：结合具体情景说说哪种算式是正确的？

生：每盏台灯是 52 元，买 8 盏台灯花的钱是 $8×52=416$（元），不是 400 元，这个 50 只是我们估的钱数，所以不能用 $8×50$，应该用 $8×52$。

师（边板书边引导学生思考）：刚才我们计算 $430÷52$，先把 52 看作 50 来试商，想 $50×8$ 小于又最接近 430，所以试出的商是 8，然后用 8 乘 52 得 416，余数是 14，所以可以买 8 盏台灯，剩下 14 元钱。

师：刚才我们在计算 $430÷52$ 时，把不是整十数的除数 52 转化为我们学过的除数是整十数的 50 来想出商 8 的这个过程叫作试商。（板书）那老师有个问题要问问大家：60 也是整数，我们为什么不把 52 看作 60 来试商呢？

生：52 更接近 50，52 个位是 2，比 5 小舍去，也就是说我们用了四舍法来试商。

（2）五入法试商调商

师：既然可以用四舍法来试商，那有没有用到五入法试商的情况呢？请你们举个例子看看。

（生举五入的例子）

（师举了一个 $197÷28$ 的例子，让学生独立思考并计算。）

（生独立尝试用五入法进行计算。）

师（引导学生汇报）：刚才的计算过程顺利吗？哪里不顺利了，谁来说一说？

（师展示学生的作品，并让学生详细描述过程。电脑演示调商的过程。）

师（板书并总结）：是啊，我们刚才把 28 看成 30 来试商，$30×6$ 小于又最接近 197，所以试出的商是 6，可是 6×28＝168，余数是 29，余数大于除数说明商偏小了，可是明明 30×6 小于又最接近 197，怎么商又会偏小了呢？别着急，跟你的同桌说说你的想法吧！

生：28 看作 30 试商，除数看大了，试出来的商就会偏小。

师：看来用五入法试商除数变大了，商会偏小。商 6 太小改成商 7。那么用四舍法试商时，商一定就会像刚才这道题一样不多也不少吗？

生：不是，商会偏大。

师：真的是这样吗？我们也举个例子试一试（出示 430÷62）。

生（独立完成后上台展示汇报）：把 62 看作 60 来试商，60×7 小于又最接近 430，试出的商是 7，可是 7×62＝434，这个数据比 430 大，说明商偏大了，要把商调小。

师：奇怪了，好好的怎么商就偏大了呢？

生：四舍法试商时除数变小了，商自然就可能偏大啦！

3. 全课总结

师：同学们真了不起，通过大家的共同努力，我们发现了除数不是整十数的笔算除法的许多秘密，能跟大家一起分享一下你的收获吗？

4. 拓展应用

师：看来大家的收获可真不少。下面你们能用今天收获的这些知识和方法来灵活解决一个问题吗？（呈现：林老师带了 240 元钱买笔袋，一个笔袋 31 元，够买 8 个吗？）

（生自主尝试用各种方法解决问题。）

【经典案例分析】笔者把人教版教材例 3 中的第（1）个例题 84÷21 去掉，因为 84÷21 学生一眼就能看出商是 4，怎么产生用四舍法把 21 看成 20 来试商的必要性呢？删除这个例题后笔者呈现了跟复习中被除数相同都是 430 除数不是整十数，而是"52"的例题，让孩子尝试着用四舍法试商，在此基础上引导学生思考，既然有四舍法，是否存在五入法？自然而然地抛出用五入法试商但是需要调商的例题，在学生发现用五入法试商时，除数变大商就会偏小这一规律后，教师又故意引发矛盾冲突，让孩子大胆推理用四舍法试商时，商可能会出现什么情况，并通过计算 $432 \div 62$ 来验证自己的猜想是否正确。这样的设计环环相扣，在不断制造矛盾冲突的过程中，让学生感悟到用四舍五入法试商和调商的窍门，还在这个过程中发展了数感、培养了推理意识，真正实现了数学素养的发展。

## （四）人教版五年级上册"小数除法"（除数是整数和除数是小数）

无论是整数除法还是小数除法，实际都在对计数单位进行平均分，五年级之前学习的除法，被除数、除数都是整数，商也是整数，也就是只平均分到每份为几个一。而商是小数的除法，实际就是把剩余的，每份不够平均分成一个一的余数，继续细分单位，变成几个十分之一，甚至再细分成几个百分之一、几个千分之一等，于是平均分成的每一份就是几个十分之一、几个百分之一、几个千分之一……就产生了商是小数的除法。在学生掌握了商是小数的整数除法之后，继续学习除数是小数的除法，学生就只要将其转化为除数是整数的除法，就能实现新问题的解决了。

### "除数是整数的小数除法"教学设计

1. 创设情境，引发冲突

某小学即将举行第二十三届田径运动会，陈老师在选购垒球时发现，两个商店同样的垒球都在做促销活动，一起来看看吧。

师出示信息：甲店 5 颗垒球共 33 元；乙店 12 颗垒球共 75 元。

师：如果你去买垒球，会思考些什么呢？

生$_1$：比较哪家店更划算。

生$_2$：如果两家店垒球的质量相同，就买便宜的。

师：怎样比较？

生：要想知道哪家店的垒球更划算，就要比较垒球的单价。

师：要求垒球单价，怎样列式？

生：根据"总价÷数量＝单价"，甲店：$33 \div 5＝$　　　乙店：$75 \div 12＝$　　　。

师：为什么用除法？怎样算出单价？

（生说明理由，并列式计算。）

甲店：33÷5＝6（元）……3（元）　　乙店：75÷12＝6（元）……3（元）。

师：从计算中，我们发现垒球的单价都是 6 元余 3 元，看来两家店垒球的单价相同。

生：不同意，求甲店垒球的单价时是平均分成 5 份，而求乙店垒球的单价时是平均分成 12 份，如果将余下的 3 元继续分下去的话，得到的结果并不一样。

师：你可真善于观察、分析，能从表面的相同看到背后的不同！是啊，因为余下的 3 元没有继续分下去，目前所得的商无法比较出哪一家的单价便宜。

2. 多元表征，感悟一致

师：那该怎么办呢？

生：把余下的 3 元继续分下去。

师：请同学们先独立思考，求甲店垒球单价时，余下的 3 元该怎么分呢？可以写一写、算一算，也可以画一画、分一分。同桌讨论、交流。

生$_1$：我通过单位换算，3 元＝30 角，30 角÷5＝6 角＝0.6 元。

生$_2$：画图。我把 1 元平均分成 10 份，每份就是 0.1 元，3 元就有 30 个 0.1 元，30 个 0.1÷5＝6 个 0.1，也就是 0.6 元。

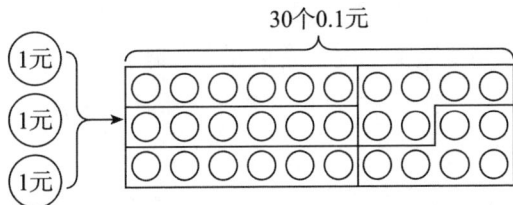

师：分得可真精彩！你们看懂了吗？请同学们再认真观察几位同学的方法，这些方法有什么相同之处？

生$_1$：我发现他们用不同的方法都是把"3"变成"30"。

生$_2$：他们都是用了转化的方法进行细分的。

生$_3$：他们都是把还没学过的知识转化成我们已经学过的整数除法进行

计算。

师：同学们不仅有一双慧眼，还有很强的总结概括能力！通过人民币单位的换算，我们能将 3 元转化成了 30 角；通过计数单位换算，我们能将 3 个 1 转化成 30 个 0.1。看来，我们可以通过转化的方法把"3"继续分下去。

3. 深入探究，凸显本质

师：相信同学们对"分"的过程有了更深的领悟，把 3 元转化成 30 角，继续往下分的方法，在竖式中又该怎样表示呢？请同学们在原有竖式的基础上接着记录，并讲一讲计算的道理。

师：老师找到了几位同学的作品，我们一起来看看他们写的是否是正确的？（展示学生作品）

$$
\begin{array}{r}
6.6 \\
5\overline{)33.0} \\
30 \\
\overline{\phantom{0}3.0} \\
3.0 \\
\overline{\phantom{0}0}
\end{array}
\qquad
\begin{array}{r}
6.6 \\
5\overline{)33} \\
30 \\
\overline{\phantom{0}30} \\
30 \\
\overline{\phantom{0}0}
\end{array}
\qquad
\begin{array}{r}
6.6 \\
5\overline{)33.0} \\
30 \\
\overline{\phantom{0}30} \\
30 \\
\overline{\phantom{0}0}
\end{array}
$$

师：请看第一位同学的作品，你们有什么想说的？

生：我认为这位同学的写法是错误的，因为这里是把 3 元转化成了 30 角，也就是把 3 转化成了 30 个十分之一，所以我认为他这里的 3.0 应该写成 30。不写小数点更简洁，被除数和商中写小数点，保证计算结果的准确。

师：再来看看第二位同学的作品，你有什么想说的？

生：30 的 0 是哪里来的？我们是把 3 个一转化成 30 个十分之一，0 要从被除数的末尾落下来，所以 33 的末尾要点上小数点、添上 0，被除数的小数点要和商的小数点对齐。

师：再来看看第三个同学的作品，你们有什么想问的？

生₁：两个 6 表示的意义一样吗？

生₂：为什么第一个 6 在个位上，第二个 6 在十分位上？

生₃：为什么要在 6 和 6 之间点个小数点？

师：三位同学的问题都非常有研究价值。哪位同学能解答？

生：不一样。第一个 6 是把 33 个一平均分成 5 份，每份是 6 个一，所以商 6 应该写在个位上；第二个 6 是把余下 3 个一，转化成 30 个十分之一，30 个十分之一平均分成 5 份，每份是 6 个十分之一，所以这个商 6 写在十分位上，结果就是 6.6 元，所以要在 6 和 6 之间添小数点。

师追问：从这个竖式中，你看到了几次平均分的过程？商在什么位上？在竖式中指一指、说一说。

生：共两次。第一次分整数部分 33 个一，商在个位上；第二次分小数部分 30 个十分之一，商在十分位上。

师：学到这里，你发现在转化的过程中，什么变了？怎么变？

生：我发现在转化的过程中，计数单位变小了，但计数单位的个数变多了。

师：是啊，原来我们从头到尾分的都是计数单位的个数。当几个一不够分时，我们可以把它转化成更小的计数单位，这样计数单位的个数就变多了，我们就可以继续平均分了。

师：甲种垒球的单价已经解决了，现在大家能够按照刚才的思路求出乙种垒球的单价了吗？请同学们独立完成并尝试从"计数单位"的角度解释每一步竖式计算的道理。

（师随生汇报板书）

$$
\begin{array}{r}
6.2\,5 \\
12\overline{)75.0\,0} \\
\underline{7\,2}\phantom{00} \\
3\,0\phantom{0} \\
\underline{2\,4}\phantom{0} \\
6\,0 \\
\underline{6\,0} \\
0
\end{array}
$$

生：7 个十平均分成 12 份，不够分，将其转化成 70 个一；70 个一与 5 个一合起来是 75 个一，平均分成 12 份，每份是 6 个一，余下 3 个一；将余下的 3 个一转化成 30 个十分之一，平均分成 12 份，每份是 2 个十分之一，余下 6 个十分之一；再将余下的 6 个十分之一转化成 60 个 0.01，平均分成 12 份，每份是 5 个 0.01，最后求得乙种垒球的单价是 6.25 元。

师：说得可真清晰！6.6 元＞6.25 元，现在我们不仅求出了两家商店垒球的单价，还能更直接地比较它们的大小，看来去乙店买垒球更划算。

4. 对比分析，总结算法

师：这就是我们今天要学习的除数是整数的小数除法。学习了小数除法，谁能说说小数除法与整数除法有什么内在联系吗？

生：小数除法和整数除法其实是一样的，分的都是计数单位的个数。

师：同学们已经抓住了除法的本质。确实，小数除法是在有余数除法的基础上"生长"出来的，不论是整数除法还是小数除法，都是在进行计数单位个数的平均分，当计数单位的个数不够分时，我们就可以将大的计数单位转化成小的计数单位，这样计数单位的个数就变多了，我们又可以继续分下去。

师：现在你能试着总结除数是整数的小数除法的计算方法吗？

生$_1$：按照整数除法的方法来计算，从高位开始，将计数单位的个数不断细分，当遇到一个数不够分时，就将其转化成相邻的小的计数单位继续分，商的小数点要与被除数的小数点对齐！

生$_2$：从最高位算起，除到被除数的哪一位，就把商写在那一位的上面，当小数位数不够时要在小数的末尾添上 0 继续除，最后要点上小数点，小数点要与被除数的小数点对齐。

5. 练习拓展，巩固提升

师：课件出示 22.4÷4，学生独立计算，并说一说每一步的计算方法。

师：谁能说说你是怎么算的？

生：

$$
\begin{array}{r}
5.6 \\
4{\overline{\smash{\big)}\,22.4}} \\
\underline{20}\phantom{.0} \\
24 \\
\underline{24} \\
0
\end{array}
$$

22 个一平均分成 4 份，每份是 5 个一，余下 2 个一，转化成 20 个十分之一，20 个十分之一与 4 个十分之一合起来是 24 个十分之一，将 24 个十分之一平均分成 4 份，每份是 6 个十分之一，最后的结果是 5.6。

师：同学们，这节课已接近尾声了。学完这节课，你有哪些收获？

生$_1$：学会了除数是整数的小数除法的计算方法。

生$_2$：理解了除法其实都是把计数单位进行细分。

师：今天学习了除数是整数的小数除法，想一想，接下来我们会研究哪一类小数除法？

生：除数是小数的除法。

师：课后希望同学们能在本课学习的基础上，继续研究除数是小数的除法。

【经典案例分析】教学中教师巧妙地设计了到两家商店买垒球，遇到总价和数量不同，但是商和余数相同，无法比较出单价的高低这一生活实际问题，引发学生利用生活经验（把以元为单位的数转化为以角为单位的数继续细分）解决问题，在这个过程中引导学生体会在进行除法计算时可以通过细分计数单位实现从商是整数的除法向商是小数的除法的拓展延伸，不管商是整数还是商是小数，其算理和算法都是一致的，这样的教学真正体现了知识之间的结构化关系，让孩子的学习更加自主高效。

## "一个数除以小数"教学设计

1. 创设情境，导入新课

师：（出示中国结）同学们请看，这是什么？

生：中国结。

师：是啊，中国结是吉祥和团圆的象征。因此到了节庆的时候，家家户户，大街小巷都挂上了中国结。

（师边说边出示情景图。）

师：你看，这位刘奶奶可是编中国结的能手。在这张图里，藏着一些信息，你们都读到了吗？谁来说说看。

生：我知道了这里有 15.3 米丝绳和编一个中国结需要 0.85 米。

师：根据他提供的这两个信息，你们能提一个数学问题吗？

生：我提的问题是刘奶奶一共能编多少个中国结？

师：这是一道非常好的问题。刘奶奶用这些丝绳可以编几个中国结呢？不急，咱们先估一估，你觉得刘奶奶大致可以编几个中国结？

生：我觉得刘奶奶大概能编15个中国结。

师：你是怎么想的？

生：我是把15.3估成15，0.85估成1，15除以1等于15。

师：她这样估合理吗？

生：合理。

师：非常好。可是，老师现在要准确地知道刘奶奶能编出多少个中国结，你们会列式吗？

生：会！

师：都会呀，别急着举手，在你的本子上写出算式来。

师：请大家一起告诉老师，怎样列式？

生：15.3除以0.85。

师：（板书"$15.3 \div 0.85$"）它跟我们之前学过的除法有什么不一样的地方呢？

生：我们之前学的小数除法，除数是整数，而这个算式除数是小数。

师：（板书"除数是小数和除数是整数"）今天我们就一起来探索除数是小数的除法。（板书课题：一个数除以小数）

2. 合作交流，探索新知

师：除数是整数是之前学过的，我们已经都会了，那今天我们遇到的这道除数是小数的除法，是新问题，有办法解决它吗？

师：你想到了一种怎样的学习方法呢？

生：我认为可以化新为旧。

师：化新为旧是什么意思呢？

生₁：把我们学的新的知识转化成我们学过的旧的知识。

生₂：可以把除数是小数的除法转化为学过的除数是整数的除法。

师：哦，是把除数是小数的算式变成除数是整数的除法算式。也就是要把新的知识转化成我们学过的旧知识。（板书"转化"）对吗？非常棒！好了，既然你们想到了要把除数是小数的除法转化成除数是整数的除法，那你想不想尝试着自己转化呢？不要列竖式，直接把你认为 $15.3 \div 0.85$ 可以转化成谁除以谁，写在本子上。

师：老师刚才下去看了一下，我发现大家有这几种转化的方法，你们帮老师当裁判好不好？仔细看。（投影呈现"$153 \div 85$""$153 \div 8.5$"和"$1530 \div 85$"。）

师：一眼看过去，哪一种是错误的呢？

生$_1$：唯一一个正确的是最后一个。

师：你认为正确的是最后一个，但老师问你的问题是：一眼看过去，你觉得哪一个是错误的？

生$_1$：剩下的两个都是错误的。

师：他觉得剩下两个都是错误的。其他同学怎么想的？

生$_2$：我认为，一眼看过去第一个是错的。

师：为什么你一眼就能看出第一个是错的呢？

生$_2$：因为他把 0.85 转化成了 85，也就是扩大到原来的 100 倍。

师：扩大了 100 倍，是扩大到原数的 100 倍，我们可以说是乘 100。（板书"↓×100"）

生$_2$：然后呢，它把 15.3 转化成了 153，才扩大了 10 倍。

师：这才扩大 10 倍，扩大到原数的 10 倍，也就是乘 10。（板书"↓×10"）

生$_2$：被除数乘 10，除数也要乘 10。

师：除数也要乘 10 才能保证商不变。也就是说，要想转化成功，必须符合商不变的规律。（板书"商不变"）而这道题，商怎么样？

生：变了。

师：所以一眼看过去就知道，它一定是错误的。他是从商不变的规律上去判断它的对和错。还有什么方法能一眼看出这样转化一定是错误的呢？你有什么想法？

生：要使商不变，被除数扩大几倍，除数也扩大几倍。

师：你还是用商不变的规律来判断，那扩大要说扩大到原数的 10 倍、100 倍，所以讲扩大到几倍比较麻烦，我们直接就说乘几是更好的。其实，老师还有一种更巧妙的方法，你们想学吗？你们看，153 除以 85，你估一估，只能编几个？

生：只能编一个。

师：刚才我们说了，15.3 除以 0.85 大概可以编 15 个呢！所以一估我就知道这样的转化一定是错误的。我们班同学可以用以前的知识来告诉大家这道题这样计算是一定不对的，因为在这道题中，15.3 变成 153 是乘 10，0.85 变成 85 是乘 100，被除数与除数乘的数不一样，商一定变了，商变了怎么能求出原来的商呢？所以我要转化，要根据商不变的规律来转化。（板书"规律"）

师：再来看第二个算式，天泽同学刚才说他认为是错的，你们有意见吗？

生：我觉得这样子不好算，因为前面说是要化新为旧，旧的是除数是整数的，它这个除数还是小数，所以我觉得是错的。

师：她说的意思你们听明白了吗？哪些人听明白了，举手告诉老师。都听明白啦？那这位同学的意思是它这样转化得数有没有变？

生：没有。

师：没变，因为被除数乘 10，除数也乘 10，按道理来说商是不变的，是可以的，可是问题出在哪呢？

生：变来变去，除数依然是小数。

师：是啊，你们看到了，除数依然是小数，除数是小数本来就不会算，你转来转去还是不会算呀，对不对？虽然转化过程没有错，可是这个结果还是不能实现除数变成整数，也就是说，转化的最终目标是要实现除数是整数。所以，我们在转化的时候要先关注谁？

生：除数。

师：是的，转化时先关注除数，要把除数转化成了整数，才能让我们……

生：化新为旧。

师：很好，那看最后一个算式。为什么对，你们能说出理由吗？

生：我认为最后一个算式是对的，因为这道题，我们化新为旧，把它变成除数是整数的除法。

师：能具体地说说你转化的过程吗？

生：先把除数变成了整数，乘100。

（师板书"×100"）

生：再把15.3变成整数，扩大100倍。

师：扩大到原来的100倍，也就是乘100。

师：你乘100，我也乘100。也就是说，在这个转化的过程中，既满足了除数是整数，又满足了商不变规律。太棒了。要把除数是小数的除法转化成除数是整数的除法，必须满足两个条件。谁能来说说？

生：第一个条件，要把除数变成小数；第二个条件，符合商不变的规律。你乘了几，我也要乘几，才能保证商不变。

师：哇，我们班的孩子真的很棒啊！那接着，老师要告诉大家了，刚才这个转化的过程，如果我要在竖式上把它体现出来，你们会吗？不急，先独立思考，再尝试计算。

（生尝试计算后汇报。）

生$_1$：我觉得应该先把除数转化为整数。

生$_2$：把小数点向右移动两位。

师：把除数的小数点向右移动两位，它就变成了整数。0在整数中放在第一位有用吗？

生：没有用。

师：所以我把它去掉，它就变成了整数了。那可以算了吗？

生：还不行。

师：不行，那还要干什么？

生：接着要把被除数也乘100，先把小数点向右移两位，还有一位用0来占位。

师：哦，位数不够了，用0来补足了。现在会算了吗？

生：会，因为它现在就是整数除以整数，太容易了。

师：好的，孩子们，你们都做对了吗？那我们回顾一下刚才这道题，$15.3 \div 0.85$（课件出示算式"$15.3 \div 0.85$"）。我们是怎样解决的呢？第一步先做什么？

生：先把除数和被除数扩大100倍，转化成整数来计算。

师：那你做的时候，先转化谁？

生：先把除数扩大到原来的100倍，变成85。

师：怎么扩大啊？

生：乘100。

生：乘100就是把小数点向右移动两位。

师：移的目的是什么？

生：把除数变成整数。

师：接着做什么？

生：再把被除数小数点也向右移动两位。

师：为什么要向右移动两位呢？

生：因为向右移动两位才能确保商不变。

师：因为刚才的除数，它的小数点向右移了两位，为了保证商不变，所以被除数小数点也要向右移动两位。

3. 课堂小结巩固练习

师：谁来总结一下，我们是怎样进行除数是小数的除法的计算的？

生$_1$：我们要先把除数转化成整数，根据除数的小数点向右移动几位来确定被除数的小数点向右移动几位。

生$_2$：要注意在移动的过程中，如果位数不够了，我们就用0占位。

生$_3$：这样转化完成了以后，就可以按整数除法的方法来计算。

师：其实除数是小数的除法我们不会，可是我们一点也不怕，因为我们掌握了什么方法？

生：化新为旧。

师：对，我们可以先把除数的小数点向右移动两位，使它变成整数，转化为除数是整数的除法来计算。

生：通过转化，一点困难也没有了。

师：好的，既然没有困难，那老师给大家一道题，你能解决吗？（课件出示题目"7.98÷4.2"）

师：试试看，用你认为最巧妙的方法解决出来。

（请两位同学上台板演）

师：做好的同学仔细观察黑板上两种算法，老师请了两位同学上去，想想，我为什么请他们上去呢？他们都算对了吗？

师：结果都对了。计算的过程有没有什么不同呢？

生$_1$：不同的地方在于第一位同学做的是7.98÷4.2，他7.98小数点没有移动。

生$_2$：他移动了，他把它去掉了，移到这儿了。

生$_1$：4.2向右移动两位，变成了420。而第二个同学做的4.2没有移动。

生$_3$：有移呀，移成了42。

生$_1$：就是没有添0，只移动了一位。

生$_4$：第一个同学的计算中4.2只移动了一位，被除数也移动了一位。第二个同学是把7.98移动了两位，这边的4.2也移动了两位。

师：这是这位同学发现的，还有谁，能够发现他们思路背后的想法的不一样。

生$_5$：我觉得第一种做法是先把被除数换算成整数，第二种做法是先把除数换算成整数。

师：怎么样？真的是火眼金睛对不对？她能够从他们做的题目的表面看出他心里是怎么想的，掌声送给她。这就是学数学，不能只看表面，要看出表面之下它所隐藏的思考。你看，第一位同学他为什么要把4.2变成420呢？他想要实现把7.98这个被除数变成整数，被除数变整数了，除数也变整数，当然可以算对不对？可是，一定要把被除数变成整数吗？

生：不要。

师：为什么？

生：因为我们之前就已经学过被除数不是整数的除法了，所以，今天转化时，只要把除数是小数，转化为除数是整数就可以了，被除数是不是小数不会妨碍我们计算。

师：说得多好啊！所以我们在转化的时候，先不关注被除数，只要关注除数就好了。你看，把除数转化成整数，我就会算了。那把被除数转化成整数，也许就会出现把除数变得太大了，算起来就麻烦。所以第一位同学在黑板上算了很久对不对？而这个呢，就简单了一点。这是一种，还有刚才，我把被除数变成整数了，就会遇到除数可能还是小数。所以关注点不要放在被除数上，而是要关注除数，先把除数转化成整数，一切困难就解决了。

（师课件出示练习题：62.4÷2.6　1.56÷1.2　5.2÷0.38　1÷0.25，请学生直接把这里的几道题在竖式上转化成自己能算的除数是整数的除法，看看谁能很快地把它转化好。）

（生自主独立完成任务。）

（师组织学生进行汇报交流。）

（师出示练习的第二题：尼克参加庆国庆"希望杯"的比赛，他拿到了这道题，不会做，你们会做吗？试试看。）

$$0.00\cdots\cdots0837÷0.00\cdots\cdots09$$
$$\underbrace{\qquad}_{8个0}\qquad\underbrace{\qquad}_{9个0}$$

（生独立完成后，汇报交流。）

师：孩子们，太厉害啦，这么难的题都被你们解决了，今天上到这儿有什么收获吗？好，你说说你的收获。

生₁：我知道了怎样可以把除数是小数的除法算出来。

师：谁来说说，一个数除以小数，是怎么算的？

生₂：我是通过移动小数点来把它变为整数的。

师：是的，通过移动除数的小数点把除数是小数的除法转化为除数是整数的除法来计算。所以学数学要学会转化，转化能帮我们解决很多的数学问题，好的，同学们，你们今天的表现棒棒的。

4. 布置作业（略）

5. 板书设计

一个数除以小数

新　除数是小数

转
化

旧　除数是整数

$15.3 \div 0.85$
$\downarrow \times 10 \downarrow \times 100$
$\times 10$ 153　85　$\times 10$
$153 \div 8.5$
$\times 100$　　$\times 100$
$1530 \div 85$

商不变规律

$15.3 \div 0.85 = 18$

$$
\begin{array}{r}
18 \\
85\overline{)15.30} \\
85\phantom{0} \\
\hline
680 \\
680 \\
\hline
0
\end{array}
$$

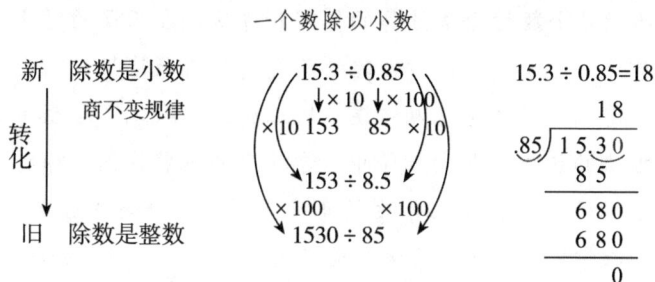

【经典案例分析】"一个数除以小数"是人教版五年级上册的内容，是在学生学习了"除数是整数的小数除法"具备了用转化的思想把新知识转化为旧知识的经验后进行教学的。教材中安排了两个例题，第一个例题呈现的是被除数和除数均是两位小数的情境，第二个例题则呈现被除数和除数的位数不同的情境。站在编者的角度思考，我们发现，教材例 4 中被除数和除数的位数相同，学生能轻松地运用转化的数学思想把除数和被除数转化为整数，再根据整数除法的法则进行计算。在此基础上，教材再呈现例 5，学生有了前面转化的经验，这时只要把关注点放在被除数和除数的小数位数不同时，要先把除数转化为整数，再根据商不变的规律，移动被除数的小数点位置即可。这样分两个例题进行教学，可以大大避免学生的错误，分散并降低难度。但站在学生的角度思考，我们发现这样的编排给学生搭的脚手架太多，不利于展示学生个性化的解决问题策略，也不利于学生解决问题能力的提升。根据小学生的认知特点，我们认为，把教学点定位在学生的最近发展区，例题设计有一定的挑战性，或者能诱发学生出错，更有利于激发学生的探索热情，更能促进学生的发展。通过这样的解读与思考，我对教材的例题进行了改造，把教材例 4 中的数据改为被除数和除数位数不同的情境：奶奶编一个"中国结"需要 0.85 米丝绳，有 15.3 米的丝绳，可以编几个"中国结"？这样一来，被除数和除数位数不同，学生在解决问题的过程中就会出现三种不同的解决方法：把 $15.3 \div 0.85$ 转化为 $153 \div 85$、$153 \div 8.5$、$1530 \div 85$。我们在展示三种不同的方法后，充分利用把 $15.3 \div 0.85$ 转化为 $153 \div 85$（小数点移动的位数不同，转化后商会发生变化）和把 $15.3 \div 0.85$ 转化为 $153 \div 8.5$（虽然转化正确，但还是不能有效地解决问题）这两种资源，引导学生在观察比较中深刻理解除数是小数的除法计算的算理和算法，在正误的对比中突出了重点，突破了难点。通过整合，所呈现的例题更具有挑战性，满足了学生个性化解决问题的需求，同时在发现错误、纠正错误中深化了学生对除数是小数的除法计算方法的认识。课堂教学中，学生兴趣盎然，探索味特别浓。由此可见，教师在解读教材时站在学生的角度思考，巧妙地整合例题用活教材，就能让我们的教学更符合学生的认知规律。

### （五）人教版五年级上册"分数加减法"

整数加减法、小数加减法和分数加减法的算理是一致的，都是相同计数单位个数相加减的结果。在五年级学习分数加减法之前，我们已经沟通过小数加减法和整数加减法算理的一致性，而分数加减法的教学是统一整数、小数和分数加减法的算理一致性的最佳时机。以下是借助分数加减法的教学沟通算理一致性的设计。

### "分数加减法"教学设计

1. 复习铺垫，情境引入

师：出示 137－45  1.37＋4.5，让学生竖式计算后说说整数加减法和小数加减法的计算方法。沟通小数与整数加减法算理的一致性。

师：同学们，你们看过西游记吗？这天，路过火焰山，唐僧带回一个大西瓜，请看屏幕。

师：你们找到了哪些数学信息？

师：根据这些信息，你能提出什么数学问题？

生：悟空和八戒一共吃了多少个西瓜？悟空比八戒多吃了多少个西瓜？

2. 自主探究

(1) 独立尝试探索分数加法。

师：我们先来解决第一个问题：悟空和八戒一共吃了多少个瓜，怎么列式解决呢？

生：$\frac{1}{8}+\frac{3}{8}$。

师：为什么这里用加法解决？

生：求他们一共吃了多少个瓜，所以用加法。

师：是啊，像这样把两个合并成一个数，我们就用加法。

师：这个算式和我们以前学过的加法算式有什么不同？

生：这里的加数都是分数。

师：这里的分数还有什么特点呢？

生：分母都是8。

师：像这样，分母相同的分数，就叫同分母分数。

师：这个同分母分数加法该怎么计算呢？在学习单上画一画，写一写，把你的想法记录下来并和同桌交流一下吧。

师：老师收集了几位同学的作品。请他们来说说是怎么想的。

生$_1$：求他们一共吃了多少个瓜，也就是把他们吃的个数合起来，列式是 $\frac{3}{8}+\frac{1}{8}$。把这个圆看作是一个瓜，平均分成 8 份，把其中的 3 份涂成红色，

也就是悟空吃了 $\frac{3}{8}$ 个；再把一份涂成黑色，也就是八戒吃了 $\frac{1}{8}$ 个，加在一起就是这样的 4 份，也就是 $\frac{4}{8}$ 个瓜。所以 $\frac{3}{8}+\frac{1}{8}=\frac{4}{8}$，$\frac{4}{8}$ 不是最简分数，约分后得到 $\frac{1}{2}$。

师追问：这里的 1 份表示什么呢？3 份表示什么（1 个 $\frac{1}{8}$，3 个 $\frac{1}{8}$）。

生$_2$：我也是用加法来解决，我是这样想的：$\frac{3}{8}$ 里有 3 个 $\frac{1}{8}$，$\frac{1}{8}$ 里有 1 个 $\frac{1}{8}$，求他们一共吃了多少个瓜，就用 3 个 $\frac{1}{8}$ 加 1 个 $\frac{1}{8}$，也就是 4 个 $\frac{1}{8}$，也就是 $\frac{4}{8}$，约分后得到 $\frac{1}{2}$。

师：听了这两位同学的想法，现在知道 $\frac{3}{8}+\frac{1}{8}$ 怎么计算了吗？

生：在计算同分母分数加法时，分母不变，分子相加。$\left(\frac{3}{8}+\frac{1}{8}=\frac{3+1}{8}=\frac{4}{8}\right)$

师：所以在计算的过程中，分母不变，把分子相加（板书）。

师：计算出结果之后，有什么需要提醒大家的？

生：计算结果能约分的要约分成最简分数。

师：为什么分母不变呢？

生：因为它们的分母都是 8，所以分数单位相同。

师：它们的分数单位相同为什么要把分子相加呢？

生：因为分子中表示有几个 $\frac{1}{8}$，把悟空吃的 3 份和八戒吃的 1 份合起来，也就是把 $\frac{1}{8}$ 的个数相加。

师：这里的 1 份表示 1 个 $\frac{1}{8}$，3 份也就是 3 个 $\frac{1}{8}$，相加也就是 1 个 $\frac{1}{8}$ + 3

个 $\frac{1}{8}$，也就是相同分数单位的个数相加。（板书）

（2）探究同分母分数减法的计算方法。

师：同学们能用刚才学到的方法解决新的问题吗？（出示问题：唐僧吃了多少个瓜？）先想一想，你准备怎样列式解决这个问题呢？

师：（板书）$\frac{3}{8}-\frac{1}{8}$，这里为什么用减法呢？

生：因为已知唐僧和悟空一共吃了 $\frac{3}{8}$ 个瓜，悟空又吃了 $\frac{1}{8}$ 个，一共吃的部分减去悟空吃的部分就是唐僧吃的部分了。

师：是啊，$\frac{3}{8}$ 表示唐僧和孙悟空一共吃的瓜数；$\frac{1}{8}$ 表示孙悟空吃的部分，求唐僧吃的部分。像这样已知两个数的和和其中一个加数，求另一个加数的运算，我们就用减法。看来分数加减法和整数加减法的意义是相同的。这个减法算式该怎么计算呢？

生：可以借助刚才的知识，$\frac{3}{8}-\frac{1}{8}=\frac{2}{8}$，化简后是 $\frac{1}{4}$。

师：说得很完整，这样算的道理是什么呢？

生：3 个 $\frac{1}{8}$ 减去 1 个 $\frac{1}{8}$，还剩 2 个 $\frac{1}{8}$，结果是 $\frac{2}{8}$，化简后是 $\frac{1}{4}$。

师：同学们不仅解决了问题，还说明了这样计算的道理。看来分数单位相同的分数可以直接相减。谁来完整地说一说同分母分数加减法是怎么计算的？

生：同分母分数相加减，分母不变，分子相加减。

师：其实，这背后的道理就是把相同分数单位的个数相加减。

3. 沟通整数、小数、分数加减法的联系

师：这是我们刚才学习的同分母分数加减法，除此之外我们还学过哪些数的加减法？

生：整数加减法和小数加减法。

师：这几题会算吗？看看同学们能不能算得又快又准确。（出示 6 题：3

$+1$ $\quad$ $\frac{1}{8}+\frac{3}{8}$ $\quad$ $0.3+0.1$ $\qquad$ $3-1$ $\quad$ $\frac{3}{8}-\frac{1}{8}$ $\quad$ $0.3-0.1)$

师：我们来观察左右两边的这些算式的结果，你们有什么发现？

生：左边都有4，右边都有2。

师：先看左边，这里的4是怎么来的？能选择一道算式说说吗？

（学生说算法，追问：这背后的道理是什么？）

生：3个1+1个1；3个0.1+1个0.1；1个$\frac{1}{8}$加3个$\frac{1}{8}$。

师：看来左边这三个算式讲的是一个道理，这个道理是什么？

生：相同单位的个数相加，就是一共有几个这样的单位。

师：是啊，不管是整数还是小数或分数加法，都是表示把相同单位的个数相加。和是几就是表示得数是几个这样的单位。

师：右边的减法呢？

生：不管是分数、整数还是小数加减法，都是在把相同计数单位的个数相加减。计数单位都不变，计数单位的个数相加减就可以了。

师：同学们不仅总结出同分母分数加减法的计算方法，还说明了这样做的道理，并且和学习过的整数、小数加减法的方法进行了对比。

4. 异分母分数加减法的拓展

师：聪明的同学们，现在唐僧有几个问题想考考你们：$\frac{1}{8}+\frac{1}{4}$等于多少？

师：这个算式有什么特点？

生：刚才的分母是8，现在的分母是4，分母不同分数单位不同。

师：那能直接进行计算吗？尝试着算算。

师：你们的结果和他一样吗？有什么问题想问他吗？

生：为什么要把$\frac{1}{4}$转化成$\frac{2}{8}$？

生$_1$：分母不同也就是分数单位不相同，就不能直接相加减。

生$_2$：就好像之前学习小数加减法要小数点对齐，也是让我们要单位相同才能相加减。

师：同学们说得都很好，不管是整数加减法相同数位对齐，小数加减法要把小数点对齐，都是告诉我们相同单位才能相加减。同分母分数可以分母不变，也是因为它的单位相同，而异分母分数相加减，分母不同，所以不能直接相加减，要把分母变成相同也就是让它们的单位相同才能相加减。

师：怎么变成同分母分数呢？（通分）

师：太厉害了，运用通分就可以把异分母分数转化成同分母分数来计算。我们一起来说说异分母分数是如何计算的吧！

······

【经典案例分析】教学中我们紧紧抓住整数、小数和分数加减法中算理的一致来展开，巧妙地整合了同分母分数和异分母分数加减法的教材内容。先借助同分母分数加减法，说明分母不变，分子可以直接相加减的算理，沟通整数、小数和分数加减法中，相同单位的个数相加减的道理，再通过异分母分数加减法，分母不同，就是单位不同，不能直接相加减，再一次沟通整数、小数和分数加减法中相同计数单位的个数才能相加减的一致性。通过一致性，形成了整数、小数和分数加减法计算的整体性和结构化。

### （六）人教版六年级上册"分数除以整数"

分数除以整数是分数除法的起始课，分数除法的计算都可以转化为乘法，如何理解除以一个数可以等于乘以这个数的倒数的算理，沟通乘除法计算之间的联系呢？我们设计了以下的教学过程。

**"分数除以整数"教学设计**

1. 课前谈话

师：孩子们，我们最近都在学习跟分数的计算有关的知识，上课之前，先请同学们看这个分数。（师出示 $\frac{4}{5}$）看到这个分数，你想到了什么？

（生发表自己的看法。）

师：咱们班的同学都很了不起，很有数学的眼光，数学的思维，这样一个普普通通的分数就让你想到了这么多。那就让我们带着对数字的这份敏锐，进入咱们今天的数学课堂。

2. 开门见山，直入新课

出示例 1：把 $\frac{4}{5}$ 升的果汁平均分给 2 个小朋友喝，每人喝多少升？

师：该怎样列式？为什么？

师：看来分数除以整数与咱们之前学的整数除法的意义是相同的，都是把一个数平均分成几份，求每份是多少。（板书课题：分数除以整数）

3. 自主探究，获取新知

（1）探究例 1，感受方法多样化

师：$\frac{4}{5} \div 2$ 又该怎么算呢？请同学们动脑筋想一想，可以借助学习单在上面画一画，算一算。

①自主探索，组内交流。

师：有结果了吗？把你的想法在小组内交流。

②全班交流。

方法一：$\frac{4}{5} \div 2 = \frac{4 \div 2}{5} = \frac{2}{5}$。

师：你为什么可以直接把分子除以 2?

（生结合图讲道理。）

师：通过看图，我们很清晰地看出这里把 $\frac{4}{5}$ 平均分成 2 份，就是把 4 个 $\frac{1}{5}$ 平均分成 2 份，每份就是 2 个 $\frac{1}{5}$，就是 $\frac{2}{5}$。（板书）

方法二：将分数化成小数来计算。

生：将 $\frac{4}{5}$ 化成 0.8，用 $0.8 \div 2$。板书：$\frac{4}{5} \div 2 = 0.8 \div 2 = 0.4$（升）。

方法三：根据分数乘法的意义。

生$_1$：从图中可以看出 $\frac{4}{5} \div 2$ 就是平均分成 2 份，取其中的 1 份，也就是表示 $\frac{4}{5}$ 的一半即 $\frac{1}{2}$ 是多少，所以可以把它转化为乘法来计算。

师：对于他的回答你们有什么疑问吗？

生$_2$：为什么这里÷2可以变为×$\frac{1}{2}$？

生$_1$：把$\frac{4}{5}$平均分成2份，求每份是多少，也就是求$\frac{4}{5}$的$\frac{1}{2}$是多少。（板书：$\frac{4}{5}÷2=\frac{4}{5}×\frac{1}{2}=\frac{2}{5}$）

（师课件边演示边说。在学生理解算理之后请同桌两个人互相说一说，为什么除以2可以变成乘二分之一的道理。）

③小结：刚才，我们用了不同的方法求出了$\frac{4}{5}÷2$等于$\frac{2}{5}$。

那现在分数除以整数你们会算了吗？

(2) 探究例2，优化方法。

①课件出示：如果把$\frac{4}{5}$升的果汁平均分给3个小朋友喝，每人喝几升？又该怎么列式？

（生列出算式。）

师：$\frac{4}{5}÷3$又该怎么算呢？请你借助作业单背面的图动手画一画，算一算。

②生独立尝试，汇报交流。

（师课件演示后板演。）

师：刚才在计算上面一道题时，同学们用了不同的方法计算，现在怎么都转化为乘法来算了？

（生说明理由。）

师：是呀，不论是转化为小数，还是用分母不变分子除以除数的方法，都是有局限性的，所以计算分数除以整数还是用这种转化为乘法的方法来计算比较方便。

③再次实践提出猜想。

师：那我们就用这个方法来算算下面这道题$\frac{5}{6}÷4$。

（生计算、汇报，师板演。）

师：到底是不是呢？我们一起用图来验证一下。

师：观察我们刚才计算的这三道除法算式，你有什么发现？

生：除以一个数就是乘这个数的倒数（或者说除以几就是乘几分之一）。

师：那是不是所有的分数除以整数的计算都有这样的规律呢？为什么会存在这样的规律呢？

生：除以 2 就表示把这个分数平均分成 2 份，求它的一份是多少，其实也就是求它的二分之一是多少。除以 3、除以 4 也都是表示平均分成 3 份、4 份求其中的 1 份，都表示求它的三分之一、四分之一。

师：那除以 5 呢？6 呢？

生：也是表示求它的五分之一、六分之一。

生：所以除以几就是表示把它平均分成几份，求其中的一份，也就是求它的几分之一，可以转化为乘几分之一。

师：有什么需要提醒大家的吗？

生：0 除外。

师：为什么要"0 除外"？还要注意什么？

4. 巩固练习，拓展提高

（1）基础练习（课件出示做一做）。

（2）看图列式。

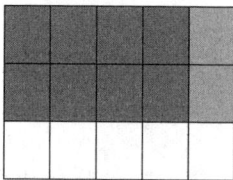

师：同样的一幅图，既可以用分数乘法算式来表示，也可以用分数除法算式来表示，看来分数的乘法与除法之间确实存在着很密切的联系。

5. 回顾与反思

师：今天我们探究了分数除以整数的计算方法，回顾一下我们都用了哪些探究方法？

【经典案例分析】本节课中教师巧妙地应用数形结合和转化的思想，引导学生在多次尝试画图解决问题的过程中，感受除以一个数与乘这个数的倒数之间的关系，在经历猜想—验证—明确道理的基础上，建立起分数除以整数与分数乘以这个数的倒数之间的联系，抽象概括建立模型。这样的教学不仅让学生理解算理、掌握了算法，更是帮助学生形成整体、发展的观念，把新知的学习纳入到原有的旧知之中，形成结构化、系统化的知识结构，真正促进了学生数学素养的发展。

## 规律与性质

### （一）四年级下册："加法与乘法运算定律"

加减乘除四则运算之间存在着密切的联系，减法是加法的逆运算、除法是乘法的逆运算，乘法是特殊（相同加数相加的加法）加法的简便运算，除法也是特殊（连续减相同的数）减法的简便运算。既然四则运算之间关系如此密切，那么在进行相关运算定律的教学过程中，我们该如何巧妙地进行整合，形成结构化的教学呢？

### "交换律"教学设计

1. 创设情境，导入新课

师：前不久，学校举行了班班有歌声活动，请看，你能得出哪些数学信息，又能提出怎样的数学问题呢？

（生发现信息并提出问题。）

师：怎样列式计算？

（生列出不同的两个算式：30＋24 和 24＋30）

师：不管先用男生人数加女生人数，还是先用女生人数加男生人数，都是求这个班级的总人数 54 人，计算结果一样，可以用什么符号连接？

生：等号。

2. 合作交流，探索新知。

（1）观察比较，引发猜想。

师：仔细观察等号两边的式子，你有什么发现？

生：两个数相加，交换加数的位置，和不变。

师：这个算式的加数交换位置后，和不变。是不是任意两个数相加，交换加数的位置，和都不变？

（生发表自己的想法）

师：这只是我们的猜想，到底是不是，该怎么办？

生：验证。

师：你们打算怎么验证？

生：举例子。

师：在学习单上试着举几个例子。

师：刚才，同学们举了很多例子，发现交换两个加数的位置，和都不变。你们有没有发现交换两个加数的位置，和发生变化的例子？

生：没有。

师：有了这么多例子，我们就可以说这个猜想是正确的吗？

生：不能。虽然举了这么多例子，但有可能还有特殊的例子，我们没举到。

师：那该怎么办？

生：讲清道理。

师：是啊，我们可以用自己喜欢的方法讲清为什么交换加数的位置，和不变的道理。

（2）讲清道理，得出结论。

（生选择自己喜欢的方式进行验证，师巡视收集作品）

（师展示学生作品并组织学生进行交流）

生：呈现同一幅图，看的角度不同，写出的算式不同，但都是把两个部分合并在一起，所以他们的结果是不变的。

师引导：如果这里不是这么小的数据，而是 100 加 200，你还愿意一个个画吗？（引出线段）

师：说明线段图比前面的图更具代表性，这样的一段可以表示任何数。

看着线段我们就知道了，其实这里的和就是把两个部分合并起来。看来画图就能解释为什么两个数交换位置，和不变。

师：同学们你们真了不起！今天你们不仅会大胆猜想，举例验证，还能通过画图说出其中的道理。有了道理和例子的支撑，现在我们就下结论！我们得出的结论是：交换两个加数的位置，和不变。（师生齐读）在数学上我们把这条规律称为"加法交换律"。

（3）引发联想，类比推理。

师：看到加法交换律，你还想到了什么？

生：会不会有乘法交换律？减法交换律？……

师：太棒了，通过加法交换律，你们怎么就联想到了这些呀？

生：因为加法跟减法、乘法、除法都有关系，都是四则运算，可能都有规律。

师：这些猜想都对吗？现在你能继续用刚才的举例验证、说清道理、得出结论这样的方式来验证吗？

（生举例验证，师巡视收集作品）

（师组织学生展示交流，先呈现减、除，再呈现乘）

生：举反例证明减法和除法不存在交换律。

师：根据它举的例子，能得出这两个猜想不成立吗？为什么？

生：证明某一个猜想是错的，只要举出一个不符合的例子就可以了。

师：那在乘法中存在交换律吗？

生：我举了一些乘法算式，然后交换因数的位置，发现积跟原来一样，所以我猜测乘法也有交换律。

生：只是举例还是不够的，还要说清其中的道理。我可以借助图来解释。

师：同学们太棒了，不但学会了从个别特例中形成猜想，然后进行验证，得到结论（指着加法交换律），还能借助这个结论产生联想，形成新的猜想，再进行举例、说理，进而得出新的结论——两个数相乘，交换两个因数的位置，积不变。在数学上我们称这条规律为"乘法交换律"。

师：这两个就是我们今天要研究的"加法交换律和乘法交换律"。（板书

课题：交换律）

师：想想看，为什么加法有交换律，乘法也有交换律呢？

生：因为乘法是加法的简便运算，它们关系密切，所以加法有的规律乘法也有。

师：孩子们，你们太棒了，不仅探索出了规律，还能借助知识之间的联系，进行大胆的类比推理，找到了关系密切的知识之间可能存在相同规律的秘密。

师：密切联系的知识之间可能存在相同或相似的规律这个类比推理的思想，让你又想到了什么？

生：减法和除法密切联系，减法有的规律，除法是否也有呢？

……

【经典案例分析】推理意识的培养是《义务教育小学数学课程标准（2022年版）》提出的核心素养十一种表现之一。规律的教学，重要的不是让学生记住规律本身，而是在探索规律的过程中，发展他们的推理意识。这节课中，老师在让学生经历大胆猜想—举例验证—说清道理—得出结论的过程中，得出加法交换律之后，借助知识之间的联系，引发学生大胆进行类比推理，猜想减法、乘法和除法是否也存在交换律，在此基础上，教师通过分享学生的反例，把科学证明的规则——有再多的正例也无法证明结论一定是正确的，而一个反例就足以证明结论是错误的，深埋在学生心中。这样的课堂，学生学到的不仅仅是知识，更培养了他们科学的意识和精神。学生在大胆猜想、小心验证、得出结论的过程中，素养和能力都得到发展。

## （二）人教版四年级上册"积的变化规律"和"商的变化规律"

"积的变化规律"是学生小学阶段第一次完整经历规律探索过程的一个教材内容，在这节课的教学中，想要让学生记住积的变化规律并非难事，可是要让学生经历积的变化规律的过程中，积累探索规律的经验，为后续其他规律的学习奠定基础，才是这节课最为重要的目标，如何更好地帮助学生积累探索规律的经验，并能主动应用这些知识经验自主探索商的变化规律呢？笔者整理了方法相似的"积的变化规律"和"商的变化规律"两个课例来呈现方法迁移，实现结构化教学的思路。

## "积的变化规律"教学设计

1. 大胆猜想、探索新知

师：同学们，今天我们要学习新的一课"积的变化规律"（板书课题），你觉得要在什么样的式子中去研究积的变化规律呢？

生：乘法算式中。

师：那你们能不能为老师提供一个用来研究的简单的乘法算式？

生：$6 \times 2 = 12$。

师：请你们大胆猜想：这个算式中什么变了？可能导致积发生变化？

生：因数的改变。

师：那么你认为因数可以怎么变？

生：可以变多，可以变少。

师：变多有几种途径？

生：加法和乘法。

师：变少有几种途径？

生：用减法或除法。

师：那接下来我们来探索：当一个因数不变，另一个因数的变化如何引起积变化情况？怎么研究呢？请你们以 $6 \times 2 = 12$ 为例，确定其中的一个因数不变，另一个因数根据自己的想法让它发生变化，多举一些例子，看看你能不能从中找到因数的变化引起积的变化的规律。

（生动手操作、合作交流。汇报自己发现的规律）

生$_1$：老师，我刚才举的例子是 6 这个因数不变，另一个因数加 1 等于 3，积等于 18；另一个因数加 3，积等于 30；另一个因数加 8 等于 60……我好像很难找到因数变化和积变化之间的规律。

生$_2$：老师，我跟她一样也很难找到变化规律，不过我是 2 这个因数不变，把 6 这个因数，减少 1 等于 10，减少 3 等于 6，减少 5 等于 2，规律也是不太明显。

（师根据生的回答板书）

生₃：老师这里的变化是有规律的，减1是少一个2，减3是少3个2，减5是少5个2，减几就是少几个2。同样的道理刚才举的例子，因数加1，积就增加1个6，加4就增加4个6……

生₄：老师，这两个规律比较不明显，我举的例子的规律很明显。我让2这个因数不变，因数6乘2，变成(6×2)×2＝24，因数乘2，积也乘2。

［师板书：(6×2)×2＝24　因数乘2　积也乘2］

生：因数6乘3，(6×3)×2＝36，因数乘3，积也乘3。

生：因数6乘5，(6×5)×2＝60，因数乘5，积也乘5。

（师根据生的回答继续板书）

生：我发现，一个因数不变时，另一个因数乘几，积也跟着乘几。

（生点头发出"噢"的声音）

生₅：老师我还有别的发现，一个因数2不变，另一个因数6除以2时候(6÷2)×2＝6，积也除以2。另一个因数6除以3，(6÷3)×2＝4，积也除以3……

（师根据学生的回答适时板书）

师：观察这四种变化，你们发现了什么？

生：因数加几、减几时，积的变化规律不是太明显；而因数乘几或除以几变化的时候的规律比较明显。

师：因数乘几或除以几变化的时候的规律比较明显。那今天我们就先来一起研究因数乘几或除以几的情况下积的变化规律。

2. 观察比较、发现规律

（师把板书中因数加减变化的例子擦去，留下乘除的变化例子）

师：下面老师想考考大家的眼力，请大家认真观察这些例子，你能从中发现什么规律？请大家先独立思考，再和小组同学讨论。

（学生小组讨论）

师：好了吗？谁来说说看你有什么发现？

（生汇报观察的过程）

师：那你们能从刚才的观察中得到什么规律呢？

生：两数相乘，一个因数不变，另一个因数乘几，积也乘几。两数相乘，一个因数不变，另一个因数除以几，积也除以几。

师：刚才我们发现的这个规律只是针对黑板上的几个例子而言是成立的。那这个规律是否对于所有的乘法算式都成立呢？

生：我们可以再举一些例子来验证。

师：好吧！那你们自己动手再举些例子，看看是否也存在这样的变化规律吧！

（生自己举例，并汇报结果）

师：通过举例你们得出了什么结论？

两数相乘，一个因数不变，另一个因数乘几，积也乘几。两数相乘，一个因数不变，另一个因数除以几，积也除以几。

师：把你们的发现一起读一读。

（生齐读）

师：读完有什么感觉。能不能把两句话合并成一句，用一句话概括你们发现的规律？

生：两数相乘，一个因数不变，另一个因数乘几或除以几，积也乘几或除以几。（全班齐读）

师：对这个规律，你们还有什么需要补充说明的吗？

生：除以几时，不能除以零，如果除以零就没有意义了。

师：真是会动脑筋的学生。

师：我们一起回忆一下，刚才我们是怎么找到积的变化规律的呢？

（生回答）

师：我们通过举例、猜想、观察、验证，发现了积的变化规律，今后遇到相关的知识我们都可以用它来探究。

3. 沟通经验，拓展应用

（1）让学生回顾：在日常生活和之前学习中隐藏着积的变化规律的例子。

（2）出示乘法口诀表，观察口诀，发现其中隐藏着的积的变化规律。

（3）速度不变，路程与时间之间的变化关系；并利用规律解决问题。

暑期的自驾游：

福州—宁德　1 小时　里程 110 千米

福州—温州　5 小时　里程（　　　）千米

福州—上海　（　　　）小时　里程 880 千米

（4）单价不变，总价与数量之间的变化规律；并利用规律解决问题。

妈妈打算买6千克苹果和4千克香蕉，应付多少钱？

（5）小结：积的变化规律在我们的学习生活中处处都得到运用。

4. 拓展应用，体验积的变化规律的妙用

（1）先出示：12345679×9＝？（让学生选择口算或用计算器计算）

（2）出示：12345679×18＝？（让学生选择口算或用计算器计算，并说明原因）

（3）继续出示：12345679×45＝？ 12345679×72＝？感受规律对于计算提供的便捷。

5. 课堂总结，迁移运用

今天研究了什么？我们是怎么进行研究的。（猜想—验证—结论）如果下个单元学完除数是两位数的除法后要探索商的变化规律，你们准备怎样研究？（先思考商的变化规律要在怎样的算式中研究？想一想商的变化可能与谁有关？再写一个除法算式，变化它的被除数或除数，验证一下自己的想法。最后从一些例子中探索规律，再举例验证规律，验证后才能得出结论）

【经典案例分析】数学的教学不仅仅是让学生学到基本知识，还应培养学生研究数学、探索数学新知的能力。归纳法是探索规律最重要的一种方法，在教学中教师要善于引导学生利用归纳法，自主探索一些定律和性质。"积的变化规律"这节课的教学是学生小学阶段第一次接触用归纳法探索规律，因此本课的教学是让学生感悟归纳思想的最佳时机。为此教师在教学中让学生经历了完整的用归纳法探索规律的过程：课堂中教师开门点题，告诉学生今天要研究积的变化规律，应该在什么样的算式中研究？接着让学生进行猜想：你们觉得谁的变化会引起积的变化？并让学生通过举例证明自己的猜想，然后引导学生观察概括例子中呈现的规律，验证并归纳积的变化规律……在这个过程中学生不仅获得了积的变化规律，更获得了积的规律的探索方法，这样的教学有利于培养学生的合情推理能力，让学生在获得知识的同时体会和运用归纳的思想方法，积累探索规律的经验。那么探索规律的经验，在后续"商的变化规律"的学习中又该怎样巧妙地应用呢？下面就是笔者的教学设计。

## "商的变化规律"教学设计

师：同学们，前面我们已经学习过积的变化规律，你们还记得我们是怎么探索出积的变化规律的吗？

师：那今天我们要研究商的变化规律，你们觉得应该怎么研究？

生：应该在除法算式中研究。

师：是的，商的变化规律应该在除法算式中研究。请你们写出一个除法算式，并想一想，你们准备怎样利用这个除法算式来研究商的变化规律？

（生写除法算式，并汇报）

师：（选择 $24 \div 12 = 2$ 板书）同学们，我们就以 $24 \div 12 = 2$ 为例来研究商的变化规律吧！怎么研究？先独立思考，再和你们的同伴交流自己的想法。

（生思考并交流。）

生$_1$：我觉得被除数变了，商就会发生变化。

生$_2$：除数变了，商也会发生变化。

师：你们的意思是：当被除数发生变化时，如果除数不变，商就会发生变化，如果被除数不变，除数发生变化，商也会发生变化。真是这样的吗？请你们利用 24÷12＝2 这个算式变一变，看看你们能从中发现些什么。

（生操作验证，并汇报。）

师：刚才大家借助研究积的变化规律的经验，通过探索知道了被除数和除数的变化可以通过加、乘变大，也可以通过减、除变小，加减的变化规律不明显，乘除的变化规律明显。那你们能不能观察同学们举的这几道除数不变被除数乘几的例子，说说你从中发现了什么？

（生观察并汇报自己的发现。）

师：你们发现的这个规律是不是在所有的除法式子中都适用呢？

生：那我们再举几个例子试一试。

（生举例验证。）

师：有了这么多例子，我们就能说这个规律一定在任何除法算式中都存在吗？

生：可能有的例子中不存在，只是我们没举到。

师：那该怎么办？

生：我能说道理。

生：（说清道理并概括）除数不变，被除数乘几（或除以几），商也乘几或除以几。

师：还要注意什么？

生：应该把 0 除外，因为除以 0 没有意义。

师：说得真好。刚才通过猜想、举例、观察、对比，我们概括出除数不变，被除数乘几，商也乘几的规律。那么被除数不变，除数变化引起商的变化的规律，你们自己能探索吗？动手试一试。

生：（探索并概括）被除数不变，除数乘几或除以几（0 除外），商反而是除以几或乘几。变化规律是相反的。

......

师：刚才我们研究的都是商变化的规律，那么商是否有不变的规律呢？大胆地猜想一下，被除数和除数怎样变化商才会不变呢？

（生大胆进行猜想，并举例进行验证。）

……

【经典案例分析】从"商的变化规律"这个教学设计中我们不难看出，因为有了"积的变化规律"这节课探索规律经验的支撑，孩子们可以很好地迁移探索经验，自主进行"商的变化规律"了，这样的教学真正实现了教是为了不教的目的，学生真正成了学习的主人。

## （三）人教版五年级下册"分数的基本性质"和六年级上册"比的基本性质"

"分数的基本性质"是在学生学习了"商不变的规律"以及分数与除法关系的基础上进行学习的，它又为后续学习"比的基本性质"提供了类比推理的知识与方法上的保障。因此"分数的基本性质"和"比的基本性质"的教学设计，就成为数学思想统领下的结构化教学这一教学主张的一个非常经典的案例。

### "分数的基本性质"的教学设计

1. 复习关联，导入新课

师出示复习题：在下面□中填上合适的数。

$$1÷2＝（1×5）÷（2×□）$$
$$＝（1÷□）÷（2÷4）$$

并提出如下问题：

（1）你是根据什么填写上面的数？

（2）"商不变的规律"的内容是什么？

（3）除法与分数之间有什么联系？

（4）你能把"1÷2"这个除法算式改写成分数形式吗？

师引导学生猜想：分数与除法之间有这么密切的关系，除法有商不变的规律，你们敢不敢对分数中是否存在某种规律进行大胆的猜想呢？

（生大胆提出自己的猜想。）

师：你们的猜想是否正确呢？今天就来研究分数中的规律，揭示课题"分数的基本性质"。

2. 大胆猜想，小心验证

师：刚才大家根据分数与乘法的关系提出了猜想，那你们准备怎样来验证自己的猜想呢？

生：举一些例子来证明。

师：你准备举什么例子？

生：$\frac{1}{2}$ 与 $\frac{2}{4}$ 的例子。

师：那你们能用自己的方法证明这两个分数大小是相等的吗？

（师出示活动要求，学生分组验证）

生：方法一、画图法；方法二、转化为小数的方法；方法三、折纸法。

生：从折纸法中我发现不仅 $\frac{1}{2}$ 与 $\frac{2}{4}$ 相等，按照这样的思路，我把这张纸平均分成 6 份，其中的 3 份就是 $\frac{3}{6}$ 也是跟 $\frac{1}{2}$ 相等的，不管平均分几份，只要取其中一半都和 $\frac{1}{2}$ 相等。

（师根据学生的发言板书出 $\frac{1}{2}$、$\frac{2}{4}$、$\frac{3}{6}$、$\frac{4}{8}$……）

3. 观察比较，发现规律

师：仔细观察这些分数，什么变了？什么没变？变化中存在什么样的规律呢？

（生小组合作，仔细观察，讨论。）

学生汇报小结：它们的分子和分母变化了，但分数的大小没变。

生：从左往右观察，我发现了 $\frac{1}{2}$ 的分子与分母同时乘以 2 得到了 $\frac{2}{4}$，$\frac{1}{2}$ 的分子和分母同时乘以 3 得到了 $\frac{3}{6}$……我发现分子和分母同时乘相同的数，分数的大小没有发生变化。

生：我从右向左观察……

生：我发现分数的分子分母同时除以相同的数，分数的大小不变。

师：你们刚才通过观察比较，从上面这几个分数的变化中得出了两条规律，那么这两条规律在其他一些分数中是不是都适用呢？我们可以怎样来验证？

生：可以再举些例子来看看，如果都是相等的，说明规律正确。

师：有了这么多例子，就能说明规律一定存在吗？

生：不行，可能不存在这个规律的例子，藏在我们没有举到的例子中呢！

师：那该怎么办？

生：要讲清道理。

师：同桌交流一下，看看是否能讲清其中的道理。

（生借助分数与除法的关系说清道理。）

师：同学们太棒了，不仅会举例验证，还能说清其中的道理，那现在我们可以自信地说：分数的分子分母同时乘以相同的数，分数的大小不变；分数的分子分母同时除以相同的数，分数的大小不变。

师：这两条规律能不能用一句话来概括？

生：分数的分子分母同时乘（或除以）相同的数，分数的大小不变。

师：分数的分子、分母都乘以或除以相同的数，分数的大小不变。这里"相同的数"是不是任何的数都可以呢？我们一起来看这样一个分数。

（师出示四分之一的分子和分母同时乘0，问：这个等式还成立吗？）

生：不成立。

师：为什么？

生：因为0不能作除数。

师：0不能作除数，所以这个式子是错误的。

师：所以我们在总结分数的分子分母同时乘或者除以相同的数这一规律时，还要0除外。（师板书：0除外）

师：这个就是我们今天这节课学习的分数的基本性质。（师板书课题：分数的基本性质）

4. 总结提升，渗透思想

师：同学们真了不起，自己探索出了分数的基本性质，现在请你们回顾一下，刚才是怎样探索出分数基本性质的呢？

生₁：因为分数与除法关系密切，所以我们猜想除法有商不变规律，那么分数一定也有商不变的规律。有了猜想，我们就动手画一画、折一折、剪一剪，然后再比较大小。接着观察相等的分数，看看什么变了、什么不变，我们就得出了规律。

生₂：我要补充，除了举例外，我们还要说清其中的道理。

师：是的，根据知识间的密切关系展开大胆的猜想，再观察操作、小心验证，这就是数学家发现真理的过程，只要我们敢于根据知识之间的关系，进行大胆猜想，并能仔细观察、小心验证，将来我们也能发现新的规律和性质。

……

## "比的基本性质"教学设计

1. 复习旧知、建立联想

师：除法、分数、比各部分之间有什么样的关系？

师：除法有什么性质？分数呢？

生：除法有商不变的规律，分数有分数的基本性质。

师：谁还记得商不变的规律？

生：两个数相除，被除数和除数同时乘或除以一个相同的数（0除外），商不变。

师：那分数的基本性质，你们还记得吗？

生：分数的分子和分母同时乘或除以一个相同的数（0除外），分数的大小不变。

师：复习了这么多知识，你们能猜出老师今天要教什么吗？

生：比的基本性质。

师：真是太厉害了，你们是怎么知道老师今天要教比的基本性质的呢？

生：我们通过这几天的学习知道，除法、分数和比之间有着密切的联系，今天你又复习了商不变的规律、分数的基本性质，所以我们就猜想比一定也有性质。

师：你们真是具有小科学家的基本素质，许多科学结论和发明创造都是起源于像你们刚才这样的猜想。

2. 大胆猜想、小心求证

师：那你们认为比的基本性质大概会是怎样的呢？

生$_1$：比的前项和后项同时乘或除以一个相同的数，比值不变。

生$_2$：我觉得要加上"0除外"。

师：大家同意他们的猜想吗？

生：同意！

师：光有猜想是不够的，有了猜想，还要用科学的方法进行验证。那你们准备怎样进行验证？

生：我们举例、然后讲清其中的道理！

师：好，按照你们的想法开始行动吧！

（生独立举例验证，与同桌交流自己的想法。）

（汇报自己验证的过程。

……

【经典案例分析】鲁班类比带齿的草叶和螳虫的牙齿，发明了锯；科学家仿照鱼类的外形和它们在水中沉浮的原理，发明了潜水艇。这些发明创造都来源于类比推理，因此类比推理是发明创造的源泉，也是学生数学核心素养表现之一，我们在平时教学中要加以关注。学生在五年级学习"分数的基本性质"时，教师巧妙地从除法与分数的关系、除法商不变的规律入手，引导学生经历猜想、验证的过程，初步感悟类比推理的思想，到学习"比的基本性质"时，教师就可以引导学生在类比推理思想的统领下，自主建构相关联知识之间的联系，从分数基本性质、除法商不变规律中类比推理出比的基本性质，这样的教学才能真正实现学生核心素养培植的目标。

## 图形与几何

### （一）人教版四年级上册"平行四边形与梯形"

人教版教材在编排"平行四边形与梯形"这一部分内容时编排了三个例题，第一个例题探索平行四边形的特征，第二个例题研究平行四边形容易变形的特性，第三个例题认识梯形，探索四边形之间的关系。笔者认为平行四边形和梯形是既有联系又有区别的两种几何图形，我们在进行教学时可以同时进行教学，在对比辨析中更容易体会图形的异同点，找到关联形成结构化的概念体系。因此我们在实施教学中，对该部分教材进行了合理的调整，以下是调整后的教学设计。

### "平行四边形与梯形"教学设计

1. 开门见山，引出课题

师：同学们，生活中你见过四边形吗？举例说说。

（师出示生活中常见的平行四边形、梯形、一般四边形等形状的图片。）这里有吗？谁上来指一指，描一描。

（生在描的过程中，课件逐步抽象出平行四边形。）

师：是的，这些都是四边形，它在我们的生活中随处可见。可是为什么它们都叫作"四边形"呢？

生：因为它们都是四条线段首尾相连组成的封闭图形。

师：今天，我们要来继续研究——四边形。

2. 合作交流，探索新知

（1）利用两组直线创造四边形

师：看这张圆形透明纸片上有一组直线。老师给每一桌提供位置关系不同的四组直线，请你们任意选两组拼出一个四边形，拼好后用夹子夹住，时间一分钟。

（生动手操作。）

师：说一说你选择了怎样的两条直线拼成四边形。

生₁：我们组选择了两组互相平行的直线拼成四边形。

师：你怎么知道它们是平行线？验证一下。

（生进行验证。）

师：拼成的四边形在哪里？指一指。

师：这两组不同的直线交叉叠加时，形成的两组线段就是四边形两组对边，同学们来动手指一指你拼出的两组对边分别在哪里？

师：刚才这一组同学选择了两组互相平行的直线拼成了四边形，那这两组对边就会怎样？（互相平行）

（课件出示：两组对边互相平行）

师：我们就直接说，拼出了"两组对边互相平行的四边形"。（将第一个图形拍照导入课件）

师：你们还拼出了怎样的四边形？

生₂：我拼出的是只有一组对边平行的四边形。（验证、拍照、导入）

（课件出示：只有一组对边平行）

生₃：我拼出的是都没有平行的四边形。（拍照、导入）

师：你们组的图形和谁的是一类的？（其他作品展示、拍照、按类导入）

师：把课件中作品分成三类：两组对边平行、一组对边平行、两组对边都不平行。每一类若干份作品。

师：用两组直线拼，还能拼出其他的四边形吗？

师：四边形按照边的位置关系分类，只能分为这三类。今天我们来重点研究前两类。

（2）认识平行四边形

师：我们一起来看看第一类——我们把"两组对边互相平行的四边形"叫作平行四边形。

师：仔细观察平行四边形有哪些特点呢？

生：两组对边分别平行。

师：两组对边分别平行是平行四边形的一个重要特点。除此之外，还有其他的特点吗？请你看看手中这个平行四边形，先猜一猜它可能有哪些特点？

101

师：你能从边的角度进行观察，你关注到了它的角。

师：同学们到底说得对不对呢？我们得动手验证一下。

（生动手验证。）

师：谁来说一说你的发现？

生$_1$：量一量边的长度。

师：看清楚了吗？这位同学测量了对边长度，发现平行四边形的对边相等。

师：还有其他的发现吗？也来说一说。

生$_2$：我发现了平行四边形的对角度数也相等。

师：同学们，他们拼出的平行四边形有这样的特点，你们拼出的也有这些特点吗？和他们有相同发现的同学举手，还没发现的同学也请你动手验证一下。

师生共同归纳总结：平行四边形有对边平行、对边相等、对角也相等的特点。

师：现在你通过猜想验证，对平行四边形又有怎样的认识？

生：……

师：如果请你说一说什么是平行四边形，你认为应该是怎样的？

生：……

师：看看书本上是怎么说的。你有什么疑问？

生$_3$：为什么只说对边分别平行的四边形是平行四边形？

师：你觉得呢？

生$_4$：互相平行是最明显的。一互相平行，它的对边就相等了，对角也就相等了。

师：数学家在下定义的时候非常科学且简洁。

（3）巩固辨析。

师：了解了平行四边形的特征，现在请你们快速判断以下图形是平行四边形吗？

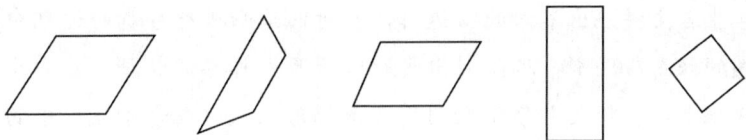

师：长方形是平行四边形吗？为什么？

生<sub>1</sub>：长方形是平行四边形，因为对边分别平行。

生<sub>2</sub>：因为每个角都是 90 度，和平行四边形有所区别。正方形也是平行四边形。

（4）认识梯形

师：那不是平行四边形的这 2 个图形与是平行四边形的图形有什么区别？

生：这两个图形都只有一组对边平行。

师：对，像这样只有一组对边平行的四边形叫作梯形。

师：出示一个一般梯形，介绍上底、下底、腰。

（师出示图形：直角梯形 2 个、等腰梯形 2 个、一般梯形 2 个，请学生快速判断是否是梯形，并说明理由。）

师：看来只要"一组对边互相平行"的四边形就是梯形。这些梯形如果再让你分类，你会怎样分？为什么这样分？

（师根据学生的分类介绍直角梯形、等腰梯形以及一般梯形。）

3．建立联系，形成结构

师：看，这是一个直角梯形，移动一个点使它成为另外一个图形，动手试试看。

（生动手在钉子板上操作完成，并汇报。）

①移动直角梯形右上角的点，变成长方形或正方形；

②移动左上角的点变为平行四边形；

③移动右下角的点，变为另一个梯形；

④移动左下角的点变为等腰梯形。

师生共同总结四边形的关系，形成集合图（略）。

……

【经典案例分析】本节课中通过提供给学生互相平行和不平行的几组直

线，让学生自主拼组出不同的四边形，在对四边形进行分类的过程中感受四边形之间的联系与区别，从而引出平行四边形和梯形的特征。在学生认识了梯形的基础上，教师又引导学生利用直角梯形上底（或者下底）中的一个点的移动，勾连起梯形、平行四边形、长方形等四边形之间的关系，把对新知的认识纳入到旧知的体系中，很好地完成了对所有四边形特征的认识。

## （二）多边形的面积

在前面的教材解读章节中，我们已经对"多边形的面积"这一单元进行了结构化的分析了，接下来我们将呈现"平行四边形的面积""三角形的面积"以及"梯形的面积"这三节课的教学设计，展示其中思想方法结构化的思路。

### "平行四边形的面积"教学设计

1. 复习旧知，引入新知

师：孩子们，回忆一下，我们都学过哪些平面图形的面积计算？是怎么求的？

生回顾并表达：长方形和正方形的面积计算。长方形面积＝长×宽，正方形面积＝边长×边长。

师：能说一说为什么长方形面积可以用长×宽来计算吗？

（生回顾并说理。）

师：出示平行四边形（底 6 cm，高 3 cm，邻边长 5 cm），让学生猜想它的面积是多少？

生$_1$：$6 \times 5 = 30$ （$cm^2$）。

生$_2$：$6 \times 3 = 18$ （$cm^2$）。

师：同一个平行四边形，面积怎么可能会不同呢？到底哪个方法是正确的呢？不着急，拿出事先准备好的学具，用自己的方法证明哪一种方法是正确的。

2. 合作探究，获取新知

（1）学生借助学具验证。（透明的格子图、框架一个、平行四边形卡纸）

（2）汇报：第一种方法，学生利用框架验证，框架拉成长方形的过程中面积变大，得出平行四边形面积不是通过邻边相乘求得，并在移动框架过程中发现平行四边形的面积随着高的变化而变化，引发平行四边形面积与高有关的猜想。

第二种方法，学生借助数格子发现平行四边形的面积＝底×高。

（3）学生提出猜想：平行四边形的面积＝底×高。

（4）学生选用不同的材料，不同的方式自主验证。

①在方格上自由画几个不同的平行四边形，通过数格子验证。

②沿着高剪开平移拼成长方形。学生在操作、交流中发现无论怎样的平行四边形都可以转化成长方形，用底乘高计算出面积。

师（适时提出）：为什么沿着高剪？

生：不沿高剪，就无法转化为我们学过的长方形，也就无法算出图形的面积。

（5）渗透转化思想。

师：是啊，我们遇到平行四边形的面积计算公式这个新问题时，可以通过切拼的方法，把不会求面积的图形转化为会求面积的图形，这种化新为旧的转化思想，可以帮助我们更好地解决新问题。

（6）师：观察原来的平行四边形和转化后的长方形，你发现了什么？

（生通过合作交流，探索出平行四边形的面积计算公式。）

3. 应用新知，解决问题

（师出示没有数据的平行四边形）

（生提出无法求出面积，需要告诉底和高。）

（师出示对应的底和高数据，学生利用公式解决问题。）

师：判断下面几种计算平行四边形的面积的方法对吗？为什么？（体会底与高要相对应。）

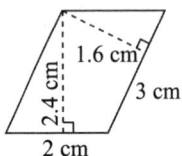

A. 2 × 2.4

B. 2 × 1.6

C. 3 × 2.4

D. 3 × 1.6

4. 总结延伸

师：这节课你有什么收获？（大胆猜想，小心验证，最后得到结论）

回顾一下，我们是怎么得出平行四边形的面积计算公式的？你还想探究哪些图形的面积计算？如果让你们探究，你们可以怎么探究？

## "三角形的面积"教学设计

1. 复习旧知，引出课题

师请学生回顾并说一说，平行四边形面积计算公式是怎样推导出来的？

生回答后直接揭示课题。

2. 动手操作，自主探究

师：你们觉得可以怎样推导出三角形的面积计算公式？

生：可以转化为我们学过的图形，比如长方形或者平行四边形。

师：那就用你自己喜欢的方式进行操作活动吧！

师出示活动要求：

（1）议一议：你们准备怎样转化？

（2）做一做：动手操作实现转化。

（3）说一说：转化后的图形与原来图形有什么关系，怎样推导出三角形的面积计算公式？

（生小组合作后进行交流。）

方法一：生在操作的过程中发现，用两个一模一样的三角形可以转化成平行四边形。

师：这两个三角形的形状相同、大小也相同，这样的两个三角形是完全一样的三角形。（引导学生观察其他形状的完全一样的三角形拼成平行四边形的情况。）

师生共同小结：只要两个三角形是完全一样，就一定能拼出一个平行四边形。

方法二：将一个三角形切拼成平行四边形。（等腰三角形切拼成长方形或平行四边形、直角三角形切拼成长方形）

师生共同小结：用一个三角形也能切拼转化成已经学过的图形。（师播放视频介绍多种切拼的方法。）

师：刚才同学们用两个完全一样的三角形或者一个三角形实现了转化，那么要推导三角形的面积计算公式，除了要把三角形转化为学过的图形外，还要做什么？

生：还需要观察转化后的图形和原来的三角形各部分之间有着怎样的关系。

生（观察并汇报自己的发现）：平行四边形的底是三角形的底，平行四边形的高是三角形的高。

师：像这样平行四边形的底是三角形的底，平行四边形的高是三角形的高，我们就说，拼出来的平行四边形与原来的三角形是等底等高的。找到了拼出来的图形与三角形的关系之后，你们能推导出三角形的面积计算公式吗？

生小组交流后汇报：（1）借助两个完全一样的三角形切拼成平行四边形推导公式。通过观察交流发现，用两个完全一样的三角形拼成平行四边形，一个三角形的面积也就是平行四边形面积的一半，所以三角形的面积等于底乘高除以 2。（2）借助一个三角形切拼出的平行四边形，推导三角形面积计算公式。

3. 抽象概括建立模型

师：谁能说说三角形面积计算公式是什么？底×高求的是什么？为什么要除以 2?

4. 总结回顾

师生共同回顾，借助已经学过的图形面积公式推导出三角形的面积公式。

5. 巩固练习，应用公式

（1）计算下面图形的面积。

8 cm

5 cm

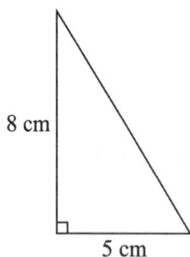

(2) 选择合适的选项并思考注意点。

三角形的面积为（　　　）。

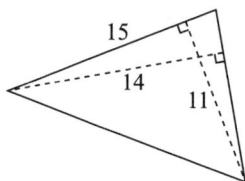

15

14

11

A. $15\times14\div2$　　　　B. $15\times11\div2$　　　　C. $11\times14\div2$

## "梯形的面积计算"教学设计

1. 复习旧知，推陈出新

(1) 师让生回忆之前学习的平面图形的面积计算公式和推导方法。

(2) 引导学生发现，平行四边形和三角形面积计算公式推导过程中的共性。

(3) 揭示课题：梯形的面积，并引发猜想：梯形的面积可能与什么有关？

2. 合作探究，多维交流

(1) 引导学生以小组为单位，自主探究梯形的面积计算公式，并交流汇报。

方法：①拼合法　　　②分割法　　　③割补法

上底

高

下底

1

2

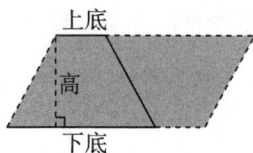

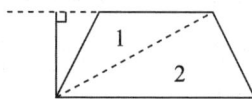

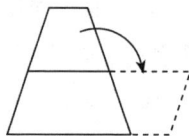

(2) 对比方法之间的相同点。

（3）尝试用字母表示梯形的面积计算公式。

3．巩固提升，感受文化

（1）我国三峡水电站大坝的横截面的一部分是梯形（如下图），求它的面积。

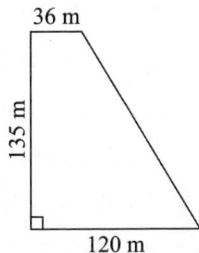

（2）介绍我国古代数学家刘徽利用"出入相补"原理计算平面图形的面积。

4．建立联系，形成结构

师：到今天为止，我们已经学习了长方形、平行四边形、三角形和梯形的面积计算公式，你们觉得在这些知识中，哪个知识最重要？

生₁：长方形面积公式最重要。如果没有长方形面积的计算公式，我们也就无法实现平行四边形转化为长方形，借助长方形面积计算公式推导出平行四边形面积，那后面的三角形、梯形公式也就没法转化推导了。

生₂：我觉得平行四边形面积公式推导这个内容最重要，因为它让我明白了通过把未学过的图形转化为已经学过的图形，找到转化前后的图形之间的关系，就能推导出未学过的图形面积计算公式，有了这样的经验，后面学习三角形、梯形面积计算公式时，我就能用这个方法自己推导了。

······

师：孩子们你们太棒了，从不同角度找到知识和方法间的联系，从知识角度来看，长方形面积的计算公式是其他几种图形面积计算公式推导的"根"，从方法角度来看，平行四边形这节课为我们后续的学习奠定了坚实的基础。其实，梯形的面积公式的学习也是非常重要的一个点。科学家们都把梯形公式称为万能公式呢！只要记住梯形的面积计算公式，利用它就能演变出三角形、平行四边形的公式。想一想，其中的秘密在哪里？

（生小组交流讨论。）

师：引导学生让梯形上底的一个点动起来，用动点的眼光，找到梯形与三角形、平行四边形之间的联系。

生操作后汇报：当梯形上底的一个顶点向另一个顶点移动并重合时，梯形就变成了三角形，这时梯形的上底为 0，梯形公式＝(上底＋下底)×高÷2 就变成(0＋下底)×高÷2＝底×高÷2，也就变成三角形的面积计算公式了。同样的道理当梯形上底的一个顶点向相反方向移动，移动到与下底一样长时，就变成了平行四边形。这时上底＝下底，梯形公式＝(上底＋下底)×高÷2 就变成(下底＋下底)×高÷2＝底×2×高÷2＝底×高，就是平行四边形面积计算公式。

生：数学真神奇啊，变中既能找到联系，又能产生区别。

【经典案例分析】从以上三个课时教学中不难看出，平行四边形、三角形和梯形面积的计算，这三个内容的教学既有相同的主题（知识主题：面积公式的推导；思想方法的主题：转化的数学思想）每一个教学内容又承担着不同的教学任务，平行四边形的重要任务是感受转化思想积累化新为旧的经验，为后续两个图形面积计算公式的推导奠定基础，三角形面积的计算，除了继续利用转化的数学思想推导公式外，还承担着转化方法多样化的任务，让孩子感受转化不仅可以借助一个图形来转化还可以用倍拼的方法来转化，也为梯形面积计算公式的推导做了铺垫，而梯形面积的计算这节课，又承担起勾连学过的平面图形面积计算公式之间知识、方法、思想等方面联系的重任，培养学生用整体、发展、变化的眼光看待事物的意识。这样相互成就、相互联系的教学，真正实现了数学思想统领下的结构化教学，真正促进了学生数学素养的提升。

## （三）人教版五年级下册"长方体和正方体的认识"

"长方体和正方体的认识"是立体图形认识的起始课，本节课的教学目标不仅要定位在理解掌握长方体和正方体的特征上，更要通过这节课的教学，帮助学生建立探索立体图形特征的方法，为今后探索其他立体图形的特征奠定基础，同时帮助学生以学习方法为线索，积累探索立体图形特征的经验，形成方法的结构化。

## "长方体的认识"教学设计

1. 创设情境，引入面、棱、顶点

师：同学们，想知道这个礼盒里装的是什么吗？（胡萝卜）别小看这个萝卜，它会变身呢！

（师逐一出示切萝卜的照片，切之前引导学生想象一下，一刀切下去会看到什么。师根据切萝卜的过程依次板书：面、棱、顶点）

师：面、棱、顶点是立体图形的三要素。

师：想象一下，继续切下去最终这个萝卜可能会被切成了什么形状？（板书：长方体）

师：生活中哪些物品是长方体？

（生列举生活中常见的外形是长方体的物体。）

师：昨天老师让大家从家中找一个外形是长方体的物体，你们都带来了吗？举起来互相看一看。

（师出示书本的情境图，在图中你找到长方体了吗？）

这些物体有长有短，有大有小，怎么都叫长方体？看来，它们有着共同的特征。

师：如果要进一步认识长方体，你想从哪些方面来探究？

生：可以从长方体的顶点、棱、面这些方面来研究。

2. 探究长方体的特征

（1）自主搭建模型。

师：首先，我们一起来搭一个长方体吧！先看看活动要求：想一想，要搭成一个长方体的框架，需要准备哪些材料？搭一搭，动手利用选好的材料搭一个长方框架；议一议，在搭框架中小棒的选择有什么需要注意的地方？由此你发现了长方体的哪些特征？

（学生明确活动要求后进行操作。）

（2）探究长方体的顶点和棱。

师：请搭成的小组上来和大家分享成功的经验。说说看，你选择了什么样的材料？（生完整地汇报）

师：刚才你说的接点当作什么？（顶点）数一数有几个？（生数）很好，有序地数，就能不重复和不遗漏。（板书：8个）

师：那小棒当作什么？（棱）数一数有几条？（生数）好极了，也是有序地数。（板书：12条）

师：说说看，棱的长度有什么规律？

生：有一些长度相等。

师：这些相等的棱，位置有什么关系？（相互平行）你能指一指吗？

师：这些相互平行的棱就称为相对的棱，那你们发现长方体的棱有什么特征了吗？

（生回答后师呈现板书：相对的棱长度相等）

师：长方体中，有几组这样相对的棱？每组有几条？

（3）师生共同小结顶点和棱的特征。

师问：刚才有没有没搭成的小组？如果让你们再搭一次，你会注意怎么选择材料？

（4）介绍长、宽、高。

（师出示框架图，逐一去掉棱）

师：这是刚才的长方体框架。现在去掉一条棱，你能想象出这个长方体的样子吗？为什么？

师：再去掉1条，你还能想象出长方体是什么样的吗？为什么？

师：还能去掉吗？

生：只要剩下三根就可以。

师：这么厉害，只剩下3条就可以？好，给你3条。（师给出两条长一条宽的三条棱）行吗？（不行）

师：那要选怎样的3条才行呢？

师：可见，相交于一个顶点的 3 条棱，对于长方体来说相当的关键。

师：接下来，我们再来见识一下它们的魔力吧！

（课件出示长、宽、高的变化）

生：相交于一个顶点的 3 条棱的变化，会引起长方体大小、高矮、厚薄的变化。

师：像这样，相交于一个顶点的三条棱，分别叫作长、宽、高。

师：通常垂直于地面，直直的棱叫作高，剩下长的叫作长，短的叫作宽。

师：一个长方体中有几条长？几条宽？几条高？

师改变实物摆放的位置，让学生寻找长、宽、高在哪。

3. 探究长方体的面

师：如果要给这个长方体框架做一件衣服，要考虑到什么？（面）

师：同桌合作，摸一摸手上生活中的长方体包装盒，探究长方体面的特征。

（学生活动后进行汇报。）

师：说说看，关于面，你有什么发现？

生：有 6 个面。

师：你是怎么数的？前和后是一组相对面，左和（右）也是一组相对面，上的相对面是（下）。（板书：6 个）

生：都是长方形。（板书：都是长方形）

生：相对面大小相等。

师：怎么验证？根据棱的特点说一说，为什么相对的面相等？

生：想象这有前后两个面，前面的长和后面的长是相对的棱，它们长度相等，宽和宽也是相对的棱，长度也相等，所以相对的面完全相等。（板书：相对的面完全相等）

（师呈现一个一般的长方体。）

师：要给这个长方体框架添上衣服，需要下面的哪些面？为什么各 2 个？

（师呈现有两个相对的面是正方形的特殊长方体。）

师：这时，要选哪些面呢？为什么选 2 个正方形和 4 个一样的长方形？

（师生共同小结面的特征。）

师：刚才，我们从顶点、棱、面三个方面探究了长方体的特征。8 个、12 条、6 个是说它们的个数。（板书：个数）

师：相对的棱长度相等、相对的面完全相等，这是描述它们的什么？（关系）（板书：关系）

师：面还要讨论它们的形状。（板书：形状）

师：看来我们在探索长方体的特征时，是从顶点、棱和面这三个方面来研究的，我们研究时都关注到它们的个数，因为顶点既没长短，也没有大小和形状，所以只研究个数；而棱只有长短没有形状，所以只研究长短的关系；而面既有形状又有大小，所以要从形状、大小方面来研究特征。

4. 生活中的长方体和正方体

师：接下来，我们做个猜一猜的游戏，好吗？给你长、宽、高，你能猜出这些长方体是什么吗？（出示标有以下长度的长、宽、高图，让学生想象猜测）

长 10 m，宽 8 m，高 3 m 的长方体。（教室）

长 21 cm，宽 15 cm，高 1 cm 的长方体。（数学书）

长 21 cm，宽 15 cm，高 0.1 mm 的长方体。（一张纸）

棱长都是 6 cm。（魔方）

师：它是一个正方体，如果让你探究正方体的特征，你们打算从哪些方面去探究？

5. 总结全课，谈谈感受

师：现在说说看，为什么你们手中的物体都是长方体？

【经典案例分析】这节课的教学，教师给足学生探索的空间，在探索的过程中，不仅关注通过操作感悟特征，同时更关注学生空间想象能力和推理能力的培养。教学中，教师改变了对特征认识的顺序，先从顶点和棱入手，再认识面，这样的改变，让面的特征的教学成为这一节课的亮点：面的特征不是靠操作实现的，而是通过棱的特征进行推理的。最后对方法的总结，也为后续继续学习其他立体图形的特征奠定了方法结构化的基础。

## （四）人教版六年级下册"圆柱圆锥的认识"

"圆柱和圆锥的认识"是在学生认识了长方体和正方体的基础上进行认识的，孩子们在五年级认识长方体和正方体的过程中已经积累了认识立体图形的经验，所以在进行圆柱与圆锥的认识时，可以把教材进行适当的整合，把圆柱和圆锥的认识整合在一起教学，这样就能帮助学生建立立体图形之间的联系，形成知识结构，为后续推导圆锥的体积提供猜想的依据。

### "圆柱圆锥的认识"教学设计

1. 情境引入，初步感知

师：同学们，我们已经认识了许多不同的立体图形。今天，老师把几个立体图形藏在了袋子里（师晃晃手里的袋子），你们能猜出是什么图形吗？

生：能。

师：很有信心！老师将邀请一位同学上台，一边摸袋子里的物体一边描述物体的特征。台下的同学需要根据他的描述来猜一猜是什么立体图形。谁来试试？

生$_1$：有棱有角，6 个长方形的面。

生$_2$：我猜是长方体。

师：他猜对了吗？（将物品从袋子中取出）果然是长方体。说说你为什么能猜得这么准？

师：看来要想猜得又快又准，特征的描述很关键。谁能完整地说说长方体有什么特征？

生$_3$：6 个面，8 个顶点，12 条棱，6 个面都是长方形，（特殊情况下两个相对的面是正方形）相对的面都相等。

师：下一个谁来？你来摸？

生$_4$：有圆的面，还有光滑的面……

生$_5$：圆柱。

师：到底是不是圆柱呢？（师出示圆面为斜面的立体图形）

生：不是/是。

师：看来大家的意见不统一。圆柱有哪些特征？这节课我们就一起来认识圆柱。（板书课题）

2. 操作体验，感悟特征

师（出示主题图）：这些是我们生活中常见的圆柱体物品。你们还见过其他哪些圆柱体物品？

生：蜡烛、电池、水杯……

师：是的，生活中的圆柱体无处不在。请大家拿出带来的圆柱形物品，先看一看，摸一摸，再和小组内的同学交流它是由哪几部分组成的。

（生动手感知，师巡视。）

师：刚才大家交流了对圆柱的认识，哪个小组来说一说？

生$_1$：有两个圆。

师：这两个圆叫作圆柱的底面。

生$_1$：这两个底面的大小完全一样。

师：如果不一样的话会怎样？

生$_1$：那样根本无法成为一个圆柱。

师：大家还有什么发现？

生$_2$：长条的，但和长方体又不同。

生$_3$：有光滑的面。

师：谁能说一说这个光滑的面叫什么面？

生$_1$：数学上叫曲面，它是圆柱的侧面！（侧面：1个曲面）

师：是的，你可真是见多识广。这三个面围成一个圆柱体。

生$_5$：我觉得圆柱的侧面展开可能是一个长方形。

生$_6$：我认为圆柱有无数条高，并且所有的高长度都相等。

3. 操作体验，感悟特征

师：我们刚刚交流了一些圆柱的特征，一些是我们可以观察到的，一些是同学们的猜想，那么同学们，有猜想我们就需要去……

生：去验证。

师：说得好，那么我们就来通过实验，验证刚刚的猜想。不着急，老师给大家提供了一些学具（筹码若干、圆片若干个、一张长方形纸片、长方形小旗等），请你们利用这些学具，来创造圆柱，并且尝试在创造的过程中验证你们的猜想。这是老师给你们提供的材料，下面分小组尝试用不同材料创造圆柱吧。

（学生分小组创造圆柱后，小组汇报交流创造圆柱的方法。）

小组 1 代表：

我们小组用两张相同的圆形纸片和一张长方形，三张纸片围起来创造出了一个圆柱。说明圆柱是由两个底面和一个侧面组成的，侧面是一个曲面，侧面展开是一个长方形。由于用的是两张相同的圆形纸片做成的底面，所以可以证明"两个底面完全相同"，而且长方形纸片的长刚好可以将圆形纸片围起来，说明了围成侧面长方形的长与底面圆周长相等。

师小结：他们用"围"的方法创造出了圆柱，同时在围中验证了圆柱体"两个底面完全相同""侧面展开是长方形"的特征，还找到了围成侧面的长方形长与底面圆周长的关系。

小组 2 代表：

我们把不同个数的大小一致的筹码进行堆叠，这样也可以创造出不同的圆柱。这里的每个筹码大小相等，由此可知圆柱的两个底面完全相同。叠成的圆柱和原来的筹码底面相同，只是高度不同，一个高一个矮，这里的高矮其实是两个底面之间的距离差异造成的。因此我们认为圆柱两个底面之间的距离就是圆柱的高。

师小结：他们用的是"叠"的方法，通过叠创造出高矮不同的圆柱，还提出了一个新的概念"高"。

小组 3 代表：

我们选择的材料是一张圆形纸片，我们发现把这张纸片往上平移，纸片的移动轨迹就是一个圆柱。因为这里用的是同一个圆形纸片，所以创造出的圆柱两个底面是完全相同的，随着纸片移动距离的增加，圆柱也会越来越高，由此我们也认为圆柱两个底面之间的距离就是圆柱的高。

师小结：他们用的是"移"的方法，通过平移也创造出高矮不同的圆柱。

小组 4 代表：

我们小组将长方形纸片的长固定在小棒上，然后以小棒为轴高速旋转。我们发现长方形纸片的运动轨迹就形成了一个圆柱。在运动的过程中，我们发现长方形的宽会运动成圆柱的两个底面，所以可以证明圆柱的底面半径就是长方形的宽，两个底面是完全相同的圆。同时在旋转的过程中，我们发现圆柱的高就是长方形的长，高有无数条，每条高长度都相等。

师小结：他们用的是"转"的方法，通过旋转长方形小旗创造出圆柱，并证明了圆柱"两个底面是完全相同的圆""圆柱的高就是长方形的长，高有无数条，每条高长度都相等"这些特征。

师：大家真了不起，通过创造圆柱，我们发现了这么多圆柱的特征，如果大家将刚才创造圆柱的方法进行分类，你们会怎么分？

生：将长方形围成一圈得到一个曲面的方法可以分为一类。前面我们在学圆的时候知道，一条直线可以变成一条曲线。我觉得这方法是类似的。

师：说得很对。是的，这种方法体现的是化直为曲的数学思想。

（板书："化直为曲"）

生：把圆片进行平移或是将长方形旋转，这都是通过平面图形得到立体图形的。

师：这对应的数学方法是面动成体。无论是哪种方法都可以创造出圆柱，各个方法获得的圆柱特征可以相互验证。

（板书："面动成体"）

4. 课堂总结，课后延伸

师：刚才我们用长方形小旗旋转得到了圆柱，那么如果把这个小旗沿着对角线剪开，是什么图形？（直角三角形）想象一下直角三角形以高为轴旋转，形成什么立体图形？和圆柱有什么关系？

（生小组合作，操作并验证自己的猜想，然后用研究圆柱特征的方法，自己尝试研究圆锥的特征。）

【经典案例分析】"圆柱和圆锥的认识"这节课创设了让学生动手操作创

造圆柱和圆锥的活动，在活动中感悟并抽象出圆柱和圆锥的特征，建立起平面图形和立体图形之间、立体图形与立体图形之间的关联，提升了学生的空间观念、推理意识和建模意识。

## （五）人教版四年级下册"三角形的内角和"

"三角形的内角和"的教学是后续学习多边形内角和推导的基础，如何引导学生大胆猜想，并能用科学的方法验证猜想得出结论，培养学生科学的精神和科学态度，发展学生的推理意识，是这节课除了知识技能目标之外的重要素养目标，如何既让学生获得三角形内角和这一个结论，又能实现素养目标呢？以下是笔者的设计思路。

### "三角形的内角和"教学设计

1. 创设情境，引发猜想

（1）出示锐角，引导学生从锐角两条边上分别取一个顶点，围出一个三角形。让孩子说说三角形的特征，引出内角、内角和的概念。

（2）变化锐角的大小，引导学生观察一个角发生变化，另外两个角会有什么变化？

（3）引导学生大胆猜想。

2. 验证交流，构建新知

（1）组织学生自主验证，交流汇报。

生：以小组为单位，用喜欢的方式验证猜想，并汇报交流。

①通过测量三个内角的度数再求和的方式进行验证。

②通过撕一撕，拼一拼的方法进行验证。

③通过折一折，拼一拼的方法进行验证。

……

学生汇报中发现数据存在误差。

（2）引导学生得出：测量容易产生误差，撕拼与折拼的方法很难保证拼成的角是平角，所以无法得出结论。

（3）渗透数学文化，感悟逻辑推理的方法。出示帕斯卡12岁时证明三角形内角和的微课，引导学生在感受数学文化的同时，体验证明的过程，并得出结论。

（4）用所学知识解释为什么三角形的一个内角越大，另外两个内角会越小。

3．梳理回顾，评价反思，拓展练习

（1）谈谈自己的收获，从不同角度进行小结。

（2）引导学生利用所学的知识解决问题：要知道一个三角形的三个内角分别是多少度，至少要量几次？

【经典案例分析】在教学"三角形的内角和"时，当学生提出可以用测量法计算内角和后，教师总告诉学生，测量会有误差，并引导学生可以用撕一撕、折一折的方法。从科学的角度来思考测量都会有误差，那撕和折就不会有误差吗？撕和折也有误差的情况下，怎样让学生确信三角形内角和是180度呢？本节课的设计中，教师就巧妙地引入了数学文化——帕斯卡小时候的证明方法。这样的教学在孩子的心中埋下了科学的种子，让孩子感受到科学的精神和科学证明的方法，这种精神和方法的感悟比知识还要重要，影响着孩子的终身学习和发展。

## （六）人教版四年级下册"四边形内角和"

学生在探索"四边形内角和"前，通过渗透数学文化，感受到帕斯卡在证明三角形内角和是180度时，是借助已经知道内角和的长方形推出直角三角形的内角和，又把锐角三角形和钝角三角形通过画高，转化为直角三角形，推导出锐角和钝角三角形的内角和，感受到转化是实现推理的重要思想方法，那么四边形内角和的教学就可以以转化思想为线索展开教学。

### "四边形内角和"教学设计

1．复习铺垫引入新课

师：上一节课，我们学习了三角形的内角和，我们之前是怎么研究的？

生：从一副三角板得出一个猜想，然后通过量、撕、拼来证明。

师：真棒，但是我们量、撕、拼的时候都有（误差），我们来看看12岁小科学家帕斯卡是如何证明三角形的内角和的。

师：他将长方形转化成了两个完全一样的（直角三角形），每个直角三角形的内角和是 $360÷2=180°$。

师：那锐角三角形和钝角三角形又是怎么推理的？（播放视频）你们看懂了吗？

师：是啊，将锐角三角形转化成我们学过的直角三角形，但这里有两个直角三角形，难不成内角和是360°？

生：中间多出了两个直角，所以要减去180°。

师：那钝角三角形呢？

（生尝试介绍钝角三角形内角和的推理方法。）

师：是啊！钝角三角形也是一样的证明方法。（播放视频）

师：你看他从特殊到一般，把未知转化成已知来研究新问题，不用量、也不用拼撕，通过推理就证明了三角形内角和是180°。帕斯卡曾说过，思想成全人的伟大，有思想的人一定能成为伟大的人，那今天我们就带着这样的思想来学习四边形的内角和吧！（出示课题）

2. 应用思想，探索新知

师：看！老师找了一些四边形，哪些四边形你能一眼算出它的内角和？（长方形、正方形）那你有什么猜想？

生：是不是所有四边形内角和都是360度呢？

师：非常棒，孩子们，你能从特殊的例子中进行大胆的猜想，那是不是所有的四边形内角和都是360度呢？我们可以怎么办？

生：我们也可以进行验证。

师：那就用你们的想法来验证吧！我们先看操作要求。

（生读验证要求并用自己喜欢的方法进行证明。）

师：谁愿意上来说一说？

（1）量一量

生：我量出四边形的内角和是 360 度。

师：嗯，他是量出来的，你们想对他说什么？（有误差）

师：对呀，量的方法可能有误差，还是不能很好地验证我们的猜想。那还有更好的方法吗？

（2）撕一撕，拼一拼

师：这个方法你觉得怎么样？（你确定你拼的一定是一个周角吗？）

（3）分一分

师：看来量、拼、撕都有（误差），还有没有更好的方法？

生：我把四边形分成两个三角形。

师：谁听懂的？

（再请几个学生具体说说怎么分，怎么推出内角和）

师：老师有个问题要问问这几个小朋友，这里的两个三角形由 6 个角组成的，四边形内角和只有 4 个角，你怎么就说你分出来的两个三角形内角和跟四边形的是一样的呢？

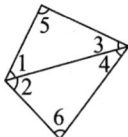

生：第一个三角形内角是角 5、角 1 和角 3，第二个三角形的内角是角 2、角 4 和角 6，角 1 和角 2 组成了四边形的一个内角，角 3 和角 4 组成四边形的第二个内角，角 5 是四边形的第三个内角，角 6 是第四个内角，所以两个三角形内角加起来的和正好跟四边形的内角和是一样的，所以两个三角形的内角和就是四边形的内角和。（如上图）

师：说得真清楚明白。刚才你们都是把这个四边形分成两个三角形的吗？有没有别的方法？

（师展示分成三个三角形的错误分法）

师：老师刚才发现有同学是这么分割的，他分成三个三角形，你有什么想说的？

（师根据学生的发言，把正确与错误的方法同时呈现出来并进行对比。这两种分法不同在哪里？为什么同样分三角形，有的有多余的角，有的没有？）

生：顶点与顶点连接，不能连到边上，连到边上，就会产生多余的角。

师：看来，我们分割的时候要顶点与顶点连接，而且连接顶点也不要产生交叉。孩子们，你们太厉害了，知道将四边形分割成三角形，那为什么要分割成三角形呢？

生：因为三角形内角和我们学过了。

师：所以你看，我们在学数学的时候，要去探索一个新的知识，就要把它转化为我们学过的旧的知识。那通过把四边形分割成三角形，我们找到了四边形的内角和（360°）也就是 $2×180°$。验证了猜想，得出了结论。

师：研究完四边形的内角和，你还想研究谁？

生：五边形、六边形、多边形……

师：好，那先请你们猜猜五边形的内角和会是多少？（720°、540°）

师：六边形呢？（720°）

师：有了猜想，接下来可以怎么办呢？

生：验证/分一分。

师：那就请你们动手验证吧！

（学生动手操作后汇报交流。）

师：先请研究五边形的同学来分享自己的验证方法。

生$_1$：我把五边形分割成了三个三角形。把它转化成 3 个三角形，所以它的内角和是 $3×180°$，等于540°。

师：真了不起，立马将五边形转化成我们学过的三角形。还有没有不同的分法？

生$_2$：分割成一个三角形和一个四边形。

师：你为什么这么分？

生$_2$：因为我们已经知道了三角形和四边形的内角和。

师：你们也太厉害了，将五边形转化成一个三角形和一个四边形。那六边形呢？如何转化？

生$_1$：可以转化成 4 个三角形。

生$_2$：可以转化成两个三角形和一个四边形，所以内角和是 720°。

生$_3$：可以转化成一个五边形和一个三角形。五边形内角和 540°，加上三角形内角和 180°，也是 720°。

师：咱们班的孩子太了不起了，将没学过的图形转化成已经学过的图形。这个六边形可以转化为几个三角形啊？

生：4 个三角形，所以它的内角和是（4×180°）。

师：我们研究了四边形、五边形、六边形，那七边形、八边形、二十边形的内角和又分别是多少呢？

生：有规律。

师：有个人用了个词"规律"，太棒了，你找到什么规律？

生：四边形 2 个 180°，五边形（3 个），六边形（4 个），以此类推 20 边形就有 18 个 180°。

师：为什么是 18 个 180°？

生：因为我通过观察前面的简单的多边形，发现分成的三角形个数都是等于边数减 2。

师：真的是这样吗？我们一起看看，四边形，（4－2）等于 2，果真分成 2 个三角形；五边形（5－2）等于 3，确实可以分成三个三角形；六边形（6－2）等于 4，就分成 4 个三角形……七边形的内角和是（5 个 180°）、八边形、九边形呢？一百边形，$n$ 边形呢？（$n-2$）

师：是啊！$n$ 边形内角和是（$n-2$）个 180°，也就是（$n-2$）×180°。

师：为什么分成的三角形个数都是等于边数减 2？

（师生借助六边形图讲清道理。）

师：老师刚刚看到，有同学是这么分四边形的（如下图），那他的内角和就是 180°×4，五边形是 5×180°，六边形他说是 6×180°，你们觉得她这样分可以吗？（每个都说一说）

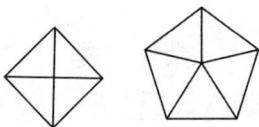

生$_1$：不可以。

师：说说你的理由。

生$_2$：可以，要去掉中间的 360°。不管分出几个都多出了 360°。

师：所以这样来看，这么分有什么规律？

生：几边形就分成几个三角形，减 360°。所以 $n$ 边形就是（$n \times 180°$ $-360°$）。

师：太棒了，同学们又找到了不同的分法和规律。

生：我发现两个规律是一样的，可以用乘法分配律改一改。

师：所以虽然画法不一样，分法不一样，但是最后找出来的规律都是一样的。

师：同学们太了不起了！这节课我们先提出了猜想，再进行验证，最后得出结论。不仅探究了四边形的内角和，还自己发现了多边形内角和的规律，一起说一说我们的发现吧。

生：多边形内角和＝$(n-2) \times 180°$。

3. 全课总结

师：这节课你有什么收获？

……

【经典案例分析】课前介绍帕斯卡如何证明三角形内角和的故事，为孩子们探索四边形的内角和埋下了思想方法的种子。孩子在探索四边形内角和的过程中大多都不采用量、撕、拼的方法，而是自觉地把四边形转化为学过的三角形，五边形转化为三角形或者是三角形＋四边形……在这个过程中孩子们不仅探索出多边形内角和的结果，更感悟到探索的思想方法，孩子们像科学家一样，大胆猜想、科学验证，最后得出了结论，科学的种子深深埋在他们心中。

## 数学广角
## 人教版六年级上册 "数与形"

数形结合是重要的数学思想，它包含两个方面，一个方面师以形助数，另一方面是以数解形。为了让学生感受数形结合在数学学习中的重要性，今后在数学学习和解决问题中能自觉应用数形结合的思想，六年级教材安排了"数与形"数学广角这一内容。教材编排了两个例题，例题1，注重引导学生感受，借助图形能够把复杂数量关系的问题变得简单直观；例题2，主要是引导学生感悟，用图无法解释清楚的问题，借助数量关系能够分析得更加深入且透彻。那么如何巧妙地借助两个例题，帮助学生感悟数形结合思想的魅力呢？以下是笔者团队的设计。

### "数与形" 教学设计

1. 谈话导入

师：同学们认识他吗？他就是著名的数学家华罗庚爷爷。爷爷曾经说过一句话：知难而……

生：进。

师：到底是什么呢？我们来看一看。

师：哦？是"退"啊。为什么是退而不是"上"或者"进"呢？

生：已经很困难很复杂的问题了，如果再往难的地方去想，就只会越来越难无法解决，所以要"退"。

师：是的，遇到复杂、困难的问题，我们要"退"到最简单、最原始的状态开始思考，这样才能找到规律，解决复杂困难的问题。知难而退在数学中也叫作化繁为简，今后大家遇到困难复杂的问题都可以从简单入手找到规律，再去解决复杂问题，你们就会发现数学的学习变得简单而有趣了。

师：今天老师还给大家带来一幅画，同学看看画的是谁？

生：孙悟空。

师：从画中还看出了什么？

生：是用数字画的。

师：真善于观察，那作者是怎样用数字画出来的呢？我们一起看看吧。（播放视频）

师：数字通过创意摆拼变成了有趣的图形，在数学上数与形更是密不可分，息息相关。今天这节课我们就一起来研究数与形。（板书）

2. 探索新知，感悟思想

（1）借助图形，探索算式的规律。

师出示算式：$1+3+5+\cdots\cdots+77+79$。

师：你们能一眼看出这个算式的结果吗？

生：不能。

师：是啊，这个算式太复杂了（板书复杂），很难一眼看出结果，这么复杂的问题，华罗庚爷爷告诉我们可以怎么办？

生：化繁为简。

师：对啊，我们可以从简单的例子入手来研究。（板书简单）仔细观察这个算式的数字有什么特点？（从 1 开始连续奇数相加）那么从 1 开始连续奇数相加的式子中简单的例子有哪些？

（板书：1　1+3　1+3+5　1+3+5+7）

师：那这些简单的算式结果是多少呢？（板书 1、4、9、16）计算的结果有没有特点？

生：都是平方数。（$1^2$，$2^2$，$3^2$，$4^2$）

师：这些平方数让你想到哪个图形。

生：正方形。

师：那它们对应的分别是什么样的正方形？

生：边长为 1、2、3、4 的正方形。（出示课件正方形）

师：孩子们你们太棒了，能够从数据中想到图形。

师：那你还能从图中找出加法算式中每个加数对应的位置吗？拿出学习单，用不同颜色的笔涂一涂，找出加数对应的位置。

（生上台汇报。）

师：真有数学的眼光，他告诉我们，可以从一个角开始，一层一层地观察。（1 个加数有一层，2 个加数有两层……）

师：通过观察，我们找到了加法算式与正方形之间的联系。

师：从加法算式和对应的图中你又有什么发现？四人小组交流汇报。

生：从 1 开始连续几个奇数相加，就是几的平方。

师：你们听懂他的意思了吗？谁再来说一说？

师：结合图直观说说，为什么几个数相加结果就是几的平方？

生：有几个加数就是有几层，边长就是几。

师：是啊，有几个加数相加正方形就有几层，也就是每一边的正方形个数就是几个，当然就是几的平方了。

师：那看到 1＋3＋5＋7＋9＋11 这个算式，你能想到什么图形？能直接根据想到的图形很快算出结果吗？

生：边长为 6 的正方形。

师：为什么你会想到边长是 6 的正方形？

生：有 6 个加数，就有 6 层，边长就是 6。

师：上来找一找每个加数的位置。

师：现在能一下就知道答案是什么吗？

生：$6^2$。

师：你们看，想到对应的正方形，这个复杂的算式就变得无比简单。

师：如果有 $n$ 个数相加呢？ $\underbrace{1＋3＋5＋7＋\cdots\cdots}_{n\text{个}}$

生：每行有 $n$ 个小正方形，有这样的 $n$ 行，结果是 $n^2$。

师：图形帮助我们发现了数的规律。以后看到这样的加法算式，观察到有几个从 1 开始的连续奇数相加，只要想到对应的正方形，一下就能知道结果了。那课前的这个问题能直接想到对应的图形吗？1＋3＋5＋……＋77＋79。

生：不能，因为我们还是不能直接从算式中看出有几个加数相加呢！

师：那该怎么办呢？

生：继续从简单的例子中找规律。

师：是的，继续从简单的例子中结合图观察最后一个数和加数的个数之间的关系。

（生四人为一组观察并讨论最后一个数和加数的个数之间的关系。）

师：结合 4 的平方这个图来说一说。

师：每一层角上的小正方形是两条边共用的，如果补上一个小正方形，再平均分给行和列，这时每条边上的小正方形个数就相同了，也就是每一边上正方形的数。

师：借助图形，我们又直观地发现只要把最后一个数加 1 的和除以 2 就是加数的个数。

师：发现了这些规律，现在能解决一开始的那个问题了吗？

生：$40^2 = 1600$。

师：和同桌说说你是怎么想的？

生：最后一个加数是 79，$(79+1) \div 2 = 40$，说明是一个边长是 40 的正方形。

师：刚刚还觉得很复杂的算式，现在已经能一下看出答案了。你们说这功劳要归谁，最应该感谢谁？

生：感谢正方形……

师：是啊，正是因为有了图形的帮忙，我们才能发现算式背后的规律。利用规律解决了复杂的问题。看来在解决与数有关的问题时，借助图形来帮忙，就能使问题变得直观、简单。接下来，我们尝试借助图形再来解决一个复杂的问题吧！

（2）感受极限，体会以数解形。

师出示：$\dfrac{1}{2} + \dfrac{1}{4} + \dfrac{1}{8} + \dfrac{1}{16} + \dfrac{1}{32} + \dfrac{1}{64} + \dfrac{1}{128} + \dfrac{1}{256}$

师：这个算式这么长，又是异分母分数相加，要想直接计算肯定是很麻烦的。你们觉得可以借助谁来帮忙呢？

生：画图。

师：把你的想法在学习单上写一写，画一画。

（学生尝试探究后，上台汇报。）

师：真是一个巧妙的方法，图形又一次帮助了我们，我们再借助课件来回顾一下她刚才借助图形化繁为简的过程吧！把正方形看成1，先表示出它的二分之一，再表示出四分之一。原来计算$\frac{1}{2}+\frac{1}{4}$我们得通分，现在看着图你能说说$\frac{1}{2}+\frac{1}{4}$还能怎么算？

生：用$1-\frac{1}{4}$。

师：再加$\frac{1}{8}$，就是把$\frac{1}{4}$平均分两份，分走一半又剩下一半，现在$\frac{1}{2}+\frac{1}{4}+\frac{1}{8}$就可以转化成什么算式？

生：$1-\frac{1}{8}$。

师：以此类推，加到$\frac{1}{256}$的时候分走了$\frac{1}{256}$，还剩下$\frac{1}{256}$。现在就可以转化成$1-\frac{1}{256}$。

师：感受到图形的魅力了吗？

师：学到这你有什么感受？

生：画图真方便，这么麻烦的分数加法，借助图形一下就看出了结果。把这样复杂的加法算式转化成了减法算式。

师：如果像这样继续加下去，最后的结果会等于多少呢？

生：$1-\frac{1}{n}$。

师：你的意思就是1减最后一个数，是这样吗？

生：就算再小，图形最后都会剩下一小部分的。

师：但老师告诉你们，最终的答案是1不是$1-\frac{1}{n}$，你们相信吗？

（生不接受这个结果。）

师：是啊，从图中很难相信最后的结果是1。这时候就需要用数来证明了。老师介绍两种方法，我们一起看看吧。

（师借助微课介绍错位相减法和扩倍相减法。）

师：除了这两种方法，还有其他的证明方法，你们想知道吗？

师：回去后大家可以搜索怎样证明 $\frac{1}{2}+\frac{1}{4}+\frac{1}{8}+\frac{1}{16}+\frac{1}{32}+\frac{1}{64}+\frac{1}{128}+\frac{1}{256}$ 接近 1。电脑会告诉我们很多证明的方法。

师：看着图形，你总觉得会剩下一小部分，可是通过数的证明，就能非常明确地知道，当这么无限加下去的时候，最终的结果就会接近 1。

师：学到这，你又有什么感想？

师：是啊，数离不开形，形同样也离不开数。数与形相结合，能帮我们将复杂的问题变得简单，抽象的规律变得直观。所以华罗庚爷爷还写过一句话生动描述了数与形的关系，全班齐读。

全班：数缺形时少直观，形少数时难入微。数形结合百般好，隔离分家万事休。

师：希望同学们在今后的学习中，也能灵活运用数与形解决问题。

【经典案例分析】在这个教学设计中，笔者把例 1 和例 2 巧妙地整合在一个课时中进行教学，这样的整合，既让学生感悟到以形助数，也感受到以数解形的妙用，真正体会到"数缺形时少直观，形少数时难入微"的道理，那么在今后的学习中，孩子们必定会自觉应用数形结合的思想解决问题，真正实现了教材编排"数与形"的目的。

第三章

# 分析总结提炼结构化教学的有效策略

有了丰富的案例，我们对案例进行分析和总结，重点对教材中两个领域（数与代数、图形与几何）的知识进行了深度的梳理，提炼出教材中这两个领域实施结构化教学的有效策略。

## 第一节　分领域实践分析总结

### 一、数与代数领域

通过对数与代数领域的实践和探索，我们总结出数的认识、数的运算、量的认识、规律与性质等内容实施结构化教学的过程与策略。

#### 1. 数的认识

数的认识贯穿小学 1－6 年级的教学始终。一年级上册就安排了 5 以内数的认识、6－10 的认识、11－20 的认识等相关内容，一年级下册认识了百以内的数，二年级下册继续学习万以内数的认识，三年级初步认识了分数和小数，四年级上册对整数的认识继续拓展到亿以内和亿以上，四年级下册则进入对小数意义的深度学习，五年级认识分数，六年级认识百分数，正数都认识好了，六下又认识了表示与正数相反意义的负数。

我们知道，一年级上册安排的 5 以内数的认识和 6－10 的认识，在学习方法上是一致的。在学习 5 以内数的认识时要经历以下几个过程：第一是从具体实物抽象成图形语言，再从图形语言抽象出数学符号语言（即数字符号），第二是借助横式计数器帮助学生理解数的顺序，第三个步骤是写数，在此基础上引入认识数的第四个步骤——数的大小的比较，第五个步骤是理解一个数的两种含义（基数意义和序数意义——几和第几），最后一个步骤是学习数的分与合，为后续的加减计算做铺垫。有了 5 以内数的认识的过程做基础，在后续学习 6－10 的数的认识时就可以大胆放手让孩子根据这几个步骤自主学习 6－10 的认识，从小建立学习方法的一致性（结构化）。11－20 数的认识，是这条知识主线中最为重要的一个内容，这个单元的学习中，新教材新增了"10 的再认识"这一内容，目的是让孩子经历从具体形象的 10 个一可以转换成 1 个十的过程，抽象出新的计数单位"十"，感受"十进制"——满十进一，和"位值制"——相同的数字在不同的数位上表示不同的意思。有了"10 的再认识"做基础，不仅 11－20 的认识迎刃而解，也为后续百以内数的认识和万以内数的认识奠定了基础，后续数的认识就有了一致性，形成了结构化——都是计数单位数量的累加。万以内数教学结束后，亿以内和亿以上数的认识就能直接实现正向迁移，到此为止，孩子们就建构起整数的系统认识。小数看似是一种新的数的类别，但实际上小数的认识也是与整数的认识具有一致性的，整数认识时，随着计数单位越来越大，就产生了更大的数，而小数计数单位的产生，恰好与整数相反，它实际是要找到比"一"更小的单位，为了找到 0－1 中的某个点上的数，就需要把"一"继续细分，平均分成 10 份，每份就是十分之一，于是又产生了一个新的计数单位，几个十分之一就是零点几，也就产生了小数，继续找到 0－0.1 之间的数，就需要把 0－0.1 之间继续细分得到百分之一……通过不断细分单位，就产生了两位小数、三位小数、四位小数……相应产生更小的计数单位，也就是说，整数和小数实际上就是一个整体，在这个整体中以"一"为基础，整数不断地扩大到原数 10 倍、100 倍、1000 倍……得到更大的计数单位，小数则是把"一"不断细分缩小到十分之一、百分之一、千分之一……得到更小的计数单位，而不管整数还是小数都是数出来的，都是计数单位个数累加的结果，那么小数和整数就结构化起来了。从这个结构化过程中，我们不难发现，分数实际上也是随着单位细分产生的，细分成 2 份产生二分之一，细分成 3 份产生三分之一，细分成几份就会产生几分之一，而其中的一份几分之一就是分数单位……由此我们提炼出数的认识，形成结构化教学的策略就是，紧紧抓住计数单位，建立数的认识的结构化。

### 2. 数的运算

数的运算是与数的认识相伴而生的，认识了 5 以内的数就利用 5 以内数的组成与分解进行加减法的计算，学习了 6－10 的数的认识就接着学习相关的加减法，20 以内的进位加减法也是伴随着 11－20 各数的认识而学习的……小学阶段学习的有关数的运算的内容，整体性很强，前后知识之间联系密切，新知识的学习都是建立在旧知识掌握的基础上进行学习的。掌握了 10 加几，教学 20 以内进位加法时，不管是 9＋几还是 8＋几、7＋几……都可以转化为 10 加几来计算，在教学中可以引导学生反思：为什么要把它转化为 10＋几来计算？通过反思，让孩子悟到数学学习的门道，那就是遇到新知识，可以转化为学过的并且是简单的旧知识来解决。有了这样的转化数学思想为线索，孩子们在今后数的运算的学习中，就能自觉地运用转化的数学思想进行探索，建构起结构化的数的运算的学习：学习了 20 以内的加减法后，学习多位数的加减法，就可以把整十数加减整十数转化为几个十加减几个十，也就是转化成了一位数加减一位数，两位数加减两位数，后续的多位数加减多位数也是通过转化来实现的；学习了表内乘法后，表内除法可以转化为乘法来解决；多位数乘一位数可以转化为整十、整百数乘一位数和一位数乘一位数，两位数乘两位数转化为两位数乘整十数和两位数乘一位数来计算；多位数乘除法的计算也同样可以进行转化；完成整数乘除法的学习之后，就可以把小数乘除法直接转化为整数乘除法计算；异分母分数加减法可以转化成同分母分数加减法……通过以上的分析，我们发现"数的运算"这部分内容的学习中，转化的数学思想贯穿始终，我们可以以转化的数学思想为线索，建构起结构化的数的运算教学。

数的运算的教学中既有数学思想方法的一贯性，又有算法（内容）的一致性，所以在进行数的运算教学时，我们除了可以以转化的数学思想为线索，串联起数的运算相关知识的学习，也可以以算法之间的联系为背景提炼出分数、小数与整数的加、减、乘、除运算算法的一致性。

### 3. 量的认识

小学阶段量的认识主要包括人民币的单位、长度单位、面积单位、体积单位、时间单位和质量单位等。在进行量的认识的过程中，我们既要关注学生对量的实际大小的感悟，又要建立起量与量之间的关系。比如我们在教学体积单位的进率时，要建立起体积单位与长度、面积单位之间的关系，教学时引导学生思考：（1）我们学过的长度单位有哪些？千米和米的进率是 1000，其他相邻的长度单位之间的进率是多少？（2）我们学过的面积单位有哪些？公顷和平方米之间的进率是 10000，其他相邻的两个面积单位之间的进率是多少？（3）为什么每相邻的两个长度单位之间的进率是 10，到了面积单位时，相邻的两个单位之间的进率变成 100 了呢？（4）由此大胆推想，相邻的两个体积单位间的进率是多少，用你喜欢的方式来解释其中的道理。孩子们在核心问题的引领下，用自己的方式来呈现这些度量单位之间的联系。

长度单位 1 分米就是 10 厘米；让长 1 分米的线段向上平移 1 分米，就形成了边长 1 分米的正方形，正方形的面积是 1 平方分米；如果以厘米为单位就是 10 厘米×10 厘米，就是 100 平方厘米。继续让 1 平方分米的正方形向后平移，就可以形成棱长是 1 分米的正方体，它的体积是 1 立方分米，也可以用厘米做单位写成 10×10×10 就是 1000 立方厘米。由此可见长度单位只关注长短（一个维度），进率是 10；面积单位既要关注长也要关注宽（两个维度），两个 10 相乘，进率是 100；而体积单位关注了长和宽还不够，还要关注高（三个维度），三个 10 相乘，进率是 1000。（具体过程如图 3-1）

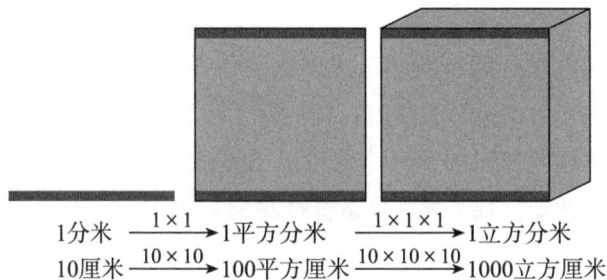

1分米 $\xrightarrow{1\times1}$ 1平方分米 $\xrightarrow{1\times1\times1}$ 1立方分米
10厘米 $\xrightarrow{10\times10}$ 100平方厘米 $\xrightarrow{10\times10\times10}$ 1000立方厘米

图 3-1　单位之间进率关系图

这样的教学串联起长度、面积和体积之间的联系，通过结构化的处理，孩子们建立起一维、二维和三维空间，他们再也不必通过背诵、记忆单位之间的进率了，解决问题时，只要想到线、面、体的图形变化过程，就能正确找到单位之间的关系了。

### 4. 规律与性质

数学学习中对于规律和性质的探索，大致都是采用不完全归纳法或者是类比推理的数学思想和方法进行探索。因此在进行规律和性质的教学时，我们可以以这两个数学思想为线索，同时串联起前后知识的联系，帮助学生自主探索规律，培养孩子的推理意识。比如，我们发现小学阶段探索的商不变规律（四年级上册）、小数的基本性质（四下）、分数的基本性质（五下）以及比的基本性质（六上），这些规律和性质之间存在着密切的联系。因此在教学中，我们不仅要引导学生应用不完全归纳的数学思想探索规律，而且还要帮助学生根据知识与知识之间的密切联系，进行类比推理，从而获得与之相关的规律。在这个过程中建立起知识之间的内在联系，更重要的是发展了学生的推理意识和探究能力，培养了学生的科学精神。

商不变规律、小数的基本性质、分数的基本性质以及比的基本性质这几个规律和性质的教学中，分数的基本性质起着承上启下、上下联通的作用，因此这节课的教学中，我们就要站在知识大背景的高度，链接起前面的除法商不变的规律和小数的性质，有了这样的沟通与联系，后面比的规律的学习，孩子们就可以应用积累的探索经验，根据比、除法和分数之间的关系进行类比推理。我们在探索分数的基本性质时，先从一个自然数的集合圈入手，让学生找一找，能否从自然数集合中找到两个意义不同、大小相等的数，接着让学生观察小数的集合圈，请孩子们思考，能否从这个小数集合圈中找到两个意义不同但大小相等的小数，学生找到 0.1 和 0.10 意义不同，大小相等，并用小数的性质来解释道理；在此基础上老师又抛出一个分数集合，请学生在分数集合中找到两个意义不同大小相等的分数，当学生找到 $\frac{1}{2}$ 和 $\frac{2}{4}$ 这两个分数意义不同但是大小相等的数之后，教师鼓励学生用自己的方式去探索为什么 $\frac{1}{2}$ 和 $\frac{2}{4}$ 大小相等，以此引出分数基本性质的研究。在学生探索出分数的基本性质之后，教师又勾连起分数的基本性质与除法商不变规律、小数的性质之间的联系，帮助学生建立密切联系的知识，可能会存在相同或者相似的规律的意识，到了六年级探索比的基本性质时，孩子们就能自觉地进行类比推理，借助比与相关的除法、分数之间的联系推理出比的基本性质。以类比推理思想作为线索，形成知识之间的联系和结构，这样的学习不仅仅让孩子获得规律和性质，更发展了学生的数学素养，培养了学生的科学精神和科学探究的能力。

## 二、图形与几何

图形与几何领域中图形的认识、图形的测量等知识之间存在着千丝万缕的联系，我们教学中要抓住知识之间的联系和数学思想方法这条线索，建立起知识和方法的结构化，帮助学生形成整体、系统的知识体系，让他们学会用整体、发展的眼光看问题。

### 1. 图形的认识

小学阶段认识的图形分为平面图形和立体图形。教材中编排的顺序是：一年级上册初步认识立体图形，一年级下册初步认识平面图形，二年级认识线段，三年级认识长方形和正方形，四年级上册认识平行四边形和梯形，四年级下册认识三角形，五年级下册认识长方体和正方体，六年级上册认识圆形，六年级下册认识圆柱和圆锥。从图形认识相关知识的呈现顺序中，很多老师都提出这样的困惑：高年级的教学是按照先认识平面图形，再相应地认识立体图形的顺序来展开的，为什么一年级认识图形时却是反过来的，先认识立体图形再认识平面图形呢？这个疑惑正好呈现了我们的教学应该符合学生认知规律这一教学理念，在我们生活中，孩子们看到的所有物体都是以立体的方式展现的，生活中找不到平面图形，平面图形都附着在立体图形中，教学中我们要从学生的已有经验入手，也就要先认识立体图形，在此基础上再从立体图形中拓印出相对应的平面图形，从而让学生明确立体图形与平面图形之间的区别与联系。从三年级开始我们再按照点动成线、线动成面、面动成体的这个顺序来进行学习，图形的认识教学的整个过程，都能形成一个结构化的知识链：先认识线，也就认识了长度及长度单位，在此基础上认识长方形和正方形，认识长方形和正方形的过程中，体会周长的度量与长度相关，度量长度就是看长度中包含有几个长度单位，而面积却是与面的大小相关，面的大小的度量需要有专门的度量单位，长度单位就是一条条的线段，那么面积单位就得是一个个面，于是产生了新的度量单位——面积单位，有了面积单位，我们用面积单位去测量，看看平面图形中包含有几个面积单位，它的面积就是几，在这个过程中，学生不仅认识了长方形和正方形，也建立起了长度（周长）与面积之间的区别与联系。接下来，在认识平行四边形和梯形的过程中我们又建立起了四边形之间的关联，从已知的长方形和正方形（特殊的平行四边形）入手，引申出一般的平行四边形，再从平行四边形两组对边分别平行，引申出只有一组对边平行的梯形，完善了对四边形家族的认识，在此基础上引出三角形，认识三角形中又建立起三角形的高和平行四边形高之间的联系，三角形的稳定性和平行四边形易变形性之间的关联，完成了平面中直线图形的认识。接着从平面图形拓展到立体图形，长方体、正方体可以看成是由平面图形长方形和正方形围成的，也可以看作是长方形、正方形平移形成的，在这个过程中学生建立起面动成体的思维，架起了平面图形与立体图形之间联系的桥梁，同时引出了度量体积的单位。圆的认识，是图形认识中比较特殊的一种，它是平面中的曲线图形，因此圆的认识重点是通过画圆，感悟想要画的圆必须固定点（针尖固定不动）、固定长（两脚张开距离不变），从而推理出半径有无数条、半径长度都相等等圆的特征。圆的认识又是圆柱、圆锥认识的基础，圆柱的认识既可以看成是两个圆面加一个长方形卷成的侧面组成的，也可以看成是一张长方形纸片绕长（或宽）旋转一周得到的，还可以看成是圆片垂直向上平移得到的，真正建立起面动成体的空间观念。通过长方形绕长（或宽）旋转得到圆柱，孩子们还可以推理出，把长方形沿对角线剪开，绕直角边旋转一周又可以得到一个圆锥体，这样的教学建立起了圆柱与圆锥之间的关系，后续学生就可以借助圆柱与圆锥的关系，大胆猜想圆柱与圆锥的体积之间是存在倍数关系的。在学生大胆猜想的基础上，通过实验验证得出关系。

通过以上对图形认识这一部分教学内容的结构化分析，我们不难看出，小学阶段认识的所有图形，不管是平面图形还是立体图形，它们之间都有着千丝万缕的联系，我们在教学中一定要遵循学生的认知规律，找到前后知识以及平面图形与立体图形之间的联系，做到瞻前顾后、化新为旧，就能帮助学生更好地实现对图形的认识，真正把学生的空间观念和推理意识培养起来。

### 2. 图形的测量

小学阶段，关于图形的测量安排，主要包括平面图形的周长和面积、立体图形的表面积和体积的计算。其中平面图形的面积计算公式的推导，以及立体图形体积计算公式的推导等内容，前后知识之间关系密切，所用的数学思想方法是一致的，因此我们在进行教学时，就可以在数学思想统领下实施结构化的教学。

（1）平面图形面积的计算。

从一年级开始，人教版教材依次编排了以下平面图形的内容：平面图形的认识、七巧板的组合图形、四边形的认识、长方形和正方形的面积、运用平移知识解决问题、多边形的面积、圆的面积。（如图 3-2）这些内容是相互联系的，在这一系列与平面图形面积相关知识的教材编排中，长方形和正方形面积计算公式是所有平面图形面积计算公式推导的基础，"多边形的面积"在这个纵轴中起着承上启下的作用，被安排在人教版五年级上册，通过编排平行四边形、三角形、梯形、组合图形以及不规则图形的面积等内容，帮助学生在自主探索图形面积计算公式的过程中，感悟和体会转化思想，形成与面积公式相关的整体性的思维、方法、知识结构等，并能综合运用学过的知识多策略解决问题，发展空间观念，为后续学习圆的面积和立体图形的表面积打下坚实的基础。

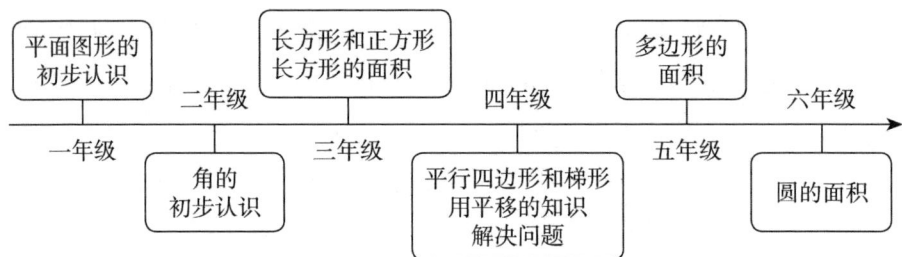

图 3-2　平面图形的认识

从以上的分析中我们不难看出，"多边形的面积"这一单元教材内容是平面图形面积计算这个系列知识的重点，我们从单元编排这个角度细致分析该教材，发现本单元编排了平行四边形的面积、三角形的面积、梯形的面积、组合图形的面积以及解决问题（不规则图形的面积）这些内容。其中平行四边形的面积可以转化为长方形的面积，三角形的面积既可以转化平行四边形的面积，也可以转化为长方形的面积，而梯形可以转化为前面三种图形的面积，组合图形的面积又可以转化为几个基本图形的和。（如图 3-3）综上所述，这些内容之间是相互联系的，既可以形成一个完整的知识结构，又可以形成一个思想方法结构。（如图 3-4）因此我们决定从"多边形的面积"入手，探索研究图形面积计算公式部分，对知识进行结构化处理的策略。

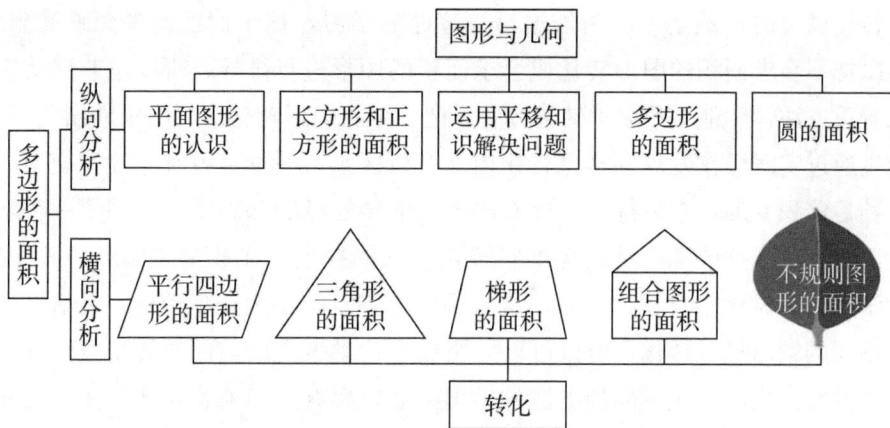

图 3-3　横向和纵向教材解读图

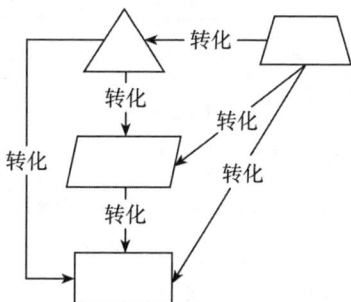

图 3-4　单元中数学思想方法结构图

通过深度解读教材，我们会发现，每一种图形都是按照："转化—推导公式—运用"的路径展开，都要经历将新图形的面积转化为会求的图形的面积，所以"把未知转化为已知的转化思想"就成为本单元的一个核心概念。但是每一节课的侧重点是有所不同的。"平行四边形的面积"是这个单元的起始课，也是一节种子课，在小学阶段，孩子们是第一次运用转化的思想来推导图形的面积计算公式，通过经历这样一个推导的过程，感受转化的方法，培养他们的转化意识。"三角形的面积"也是在推导公式，可是它的重点不是落在转化思想的渗透上，因为通过第一节课的学习，孩子们已经深刻感受到，可以把不会求面积的图形转化成会求面积的图形进行推导，所以这节课就应该着重关注学生能否用多种转化方法，把一个新图形转化为所能求的旧图形。学生通过实践操作发现同样是转化但又有所区别，一种是剪拼（等积变形），一种是倍积变形，在平行四边形面积公式推导的经验基础之上又多了一种转化思路，所以这节课的重点是不同转化方法的探索。在教学"梯形的面积"时学生有了转化的意识、方法，这节课的落脚点就是能否主动地、灵活地选择不同的策略进行转化，所以可以大胆放手让学生借助前面的转化方法进行自主探究。当学生用不同的方法推导出来后，要有意识地将这些方法进行梳理，同时利用梯形的面积计算公式（万能公式）勾连起前面所学的几个平面图形的面积计算公式之间的关系。（如图 3-5）

图 3-5

梯形面积＝(上底＋下底)×高÷2，上底左边的点向右移动，移到与右边的点重合，就成了三角形，这时上底为 0，公式变为(0＋下底)×高÷2，不就是三角形的面积计算公式了吗？同样的道理，上底左边的点也可以向左移动，移到上底与下底一样长时，梯形就变成了平行四边形，这时上底＝下底，公式变为 2 个下底×高÷2＝底×高，也就是平行四边形的面积计算公式。通过梯形公式的演变，让孩子感受到图形之间是互相联系的，我们既可以把梯形转化为学过面积公式的图形来推导梯形面积计算公式，反过来有了梯形的面积计算公式，又能反推出三角形、其他图形面积的计算公式。后续的组合图形也是以转化思想为线索，把组合图形分解成几个学过的简单图形，从而解决组合图形面积计算的问题；不规则图形则可以转化成规则图形来估算出它的面积。

从以上的分析中我们不难看出，"多边形面积"这个单元的学习，既体现了知识的结构化，又体现了思想方法的结构化。教学中我们以数学思想为线索，贯穿教学的始终，又要在每一个知识的学习中挖掘能力与素养的培养点，建立起知识之间的结构化关系，同时又找到知识教学与素养发展之间的联系。

有了"多边形面积"这个单元的教学为基础，后续学习圆的面积时，学生就能自主地把圆转化成学过的长方形、平行四边形、三角形或者梯形，寻找转化后的图形之间的关系，推导出圆的面积计算公式。但是圆的面积教学中也有自己的培育点，那就是把平面中的曲线图形进行转化时如何化曲为直，如何渗透极限的数学思想。

（2）立体图形体积的计算。

平面图形面积相关知识的学习，又为相对应的立体图形的体积的计算奠定基础：长方形面积公式推导中，用单位面积进行测量，看看长边是几，每行就可以摆几个单位面积，宽是几，就可以摆这样的几行，每行的个数乘几行，就是所含单位面积的个数，也就是图形的面积。有了长方形面积的度量为基础，在学习长方体和正方体的体积计算公式时，学生就会以度量的一致性为思路，想到可以用体积单位进行测量，长是几，一行就摆几块，宽是几，就可以摆几行，还要关注到高可以摆几层，通过结构和迁移实现了体积计算公式的推导。当然，基于我们在教学图形的认识时建立的平面图形与立体图形之间的结构化关系，学生还会想到，长方体是由长方形平移得到的，它的体积就是底面面积乘高。圆柱的体积公式的推导依然也是可以从圆面积计算公式的推导中进行迁移或者由圆面平移得到圆柱来进行推理……

从以上的分析中我们不难看出，图形与几何领域的教学中，不管是图形的认识还是图形的测量，知识本身就有着密切的联系，我们在解读教材和教学设计中一定要关注知识之间的内在联系，整体分析、分步实施，以数学思想为线索，既要找到知识之间的结构化关联，又能根据每个课时的教材特点，关注不同课时教材的重难点以及与对应的核心素养表现的联系点，适当科学及时地培养学生的核心素养。

# 第二节　提炼总结形成策略

通过对数与代数和图形与几何两个领域的深度研究和实践，我们总结出这两个领域实施结构化教学的策略：首先要读通、读懂、读活教材；接着读懂学生，找到学习起点，实现因需而教；在此基础上"瞻前顾后、承前启后"，用活教材，展开教学；最后帮助学生建立关联形成体系。

## 一、读通、读懂、读活教材

### 1. 读通教材

读通教材是实施结构化教学的前提。老师只有读通了小学阶段十二册教材编排的顺序，了解每一个领域知识在各册教材中的编排情况，才能在实施教学时，读懂所要教学的教材内容的前世、今生和来生，也才能从学生已有认知入手展开教学，把新知的学习纳入知识体系中，建立起新旧知识的联系，并为后续知识的建构提供基础。所以，对于每一个数学老师而言，首先我们要通读小学阶段的十二册教材内容，做到心中有数、心中有序，才能真正建构起数学知识之间的内在联系，实施结构化的教学。

以下是 2024 年版新教材各册的目录：

| 年级 | 上册 | | 下册 | |
|------|------|------|------|------|
| 一年级 | ★ | 数学游戏 | 一 | 认识平面图形 |
| | 一 | 5 以内数的认识和加、减法 | 二 | 20 以内的退位减法 |
| | 二 | 6~10 的认识和加、减法 | 三 | 100 以内数的认识 |
| | 三 | 认识立体图形 | 四 | 100 以内的口算加、减法 |
| | 四 | 11~20 的认识 | 五 | 100 以内的笔算加、减法 |
| | 五 | 20 以内的进位加法 | 六 | 数量间的加减关系 |

续表

| 年级 | | 上册 | | 下册 |
|---|---|---|---|---|
| | 六 | 复习与关联 | ★ | 欢乐购物街 |
| | | | 七 | 复习与关联 |
| 二年级 | 一 | 分类与整理 | ★ | 时间在哪里 |
| | 二 | 1～6 的表内乘法 | 一 | 有余数的除法 |
| | 三 | 1～6 的表内除法 | 二 | 数量间的乘除关系 |
| | ★ | 校园小导游 | 三 | 万以内数的认识 |
| | 四 | 厘米和米 | 四 | 万以内的加法和减法 |
| | ★ | 身体上的尺子 | ★ | 数学连环画 |
| | 五 | 7～9 的表内乘、除法 | 五 | 复习与关联 |
| | 六 | 复习与关联 | | |
| 三年级 | 一 | 观察物体 | 一 | 生活中的运动现象 |
| | 二 | 混合运算 | 二 | 除数是一位数的除法 |
| | 三 | 毫米、分米和千米 | 三 | 长方形和正方形 |
| | ★ | 曹冲称象的故事 | 四 | 图形的面积 |
| | 四 | 多位数乘一位数 | 五 | 数据的收集与整理 |
| | ★ | 数字编码 | ★ | 年、月、日的秘密 |
| | 五 | 线和角 | 六 | 小数的初步认识 |
| | 六 | 分数的初步认识 | 七 | 复习与关联 |
| | 七 | 复习与关联 | | |
| 四年级 | 一 | 万以上数的认识 | 一 | 除数是两位数的除法 |
| | ★ | 1 亿有多大 | 二 | 混合运算和运算律 |
| | 二 | 角的度量 | 三 | 三角形 |
| | 三 | 多位数乘两位数 | 四 | 小数的认识 |
| | 四 | 加法模型和乘法模型 | 五 | 小数的加法和减法 |
| | 五 | 平行四边形和梯形 | 六 | 平均数 |
| | 六 | 条形统计图 | ★ | 制订旅游计划 |
| | ★ | 寻找宝藏 | 七 | 复习与关联 |
| | 七 | 复习与关联 | | |

续表

| 年级 | 上册 | | 下册 | |
|---|---|---|---|---|
| 五年级 | 一 | 观察简单组合体 | 一 | 因数和倍数 |
| | 二 | 小数乘法 | 二 | 分数的认识 |
| | 三 | 小数除法 | 三 | 分数的加法和减法 |
| | 四 | 图形的运动 | 四 | 长方体和正方体 |
| | 五 | 用字母表示数和数量关系 | ★ | 度量衡的故事 |
| | 六 | 多边形的面积 | 五 | 折线统计图 |
| | ★ | 有趣的密铺 | 六 | 复习与关联 |
| | 七 | 可能性 | | |
| | 八 | 复习与关联 | | |
| 六年级 | 一 | 确定位置 | 一 | 比和比例关系 |
| | 二 | 分数乘法 | ★ | 有趣的平衡 |
| | 三 | 分数除法 | ★ | 校园平面图 |
| | ★ | 生活中的负数 | 二 | 扇形统计图 |
| | 四 | 圆 | 三 | 圆柱和圆锥 |
| | ★ | 体育中的数学 | ★ | 营养午餐 |
| | 五 | 百分数 | 四 | 总复习 |
| | ★ | 水是生命之源 | | |
| | 六 | 复习与关联 | | |

通过对这套教材编排内容的梳理，我们整理出小学阶段教材各领域编排的顺序：

（1）数与代数领域

①数的认识与运算（编排的主要方式是，数的认识和数的运算相继出现，认识数后马上学习相关的计算，同时算用结合，出现相关的解决问题）：

一上：1～5 的认识与加减法——6！10 的认识与加减法——11～20 各数的认识——20 以内的进位加法；

一下：20 以内的退位减法——100 以内数的认识——100 以内的加法和减法

二上：表内乘法——→表内除法

二下：有余数的除法——→万以内数的认识——→万以内的加法和减法

三上：混合运算——→多位数乘一位数——→分数的初步认识——→简单的分数加减法

三下：除数是一位数的除法——→小数的初步认识——→简单的小数加减法

四上：大数的认识——→多位数乘两位数——→除数是两位数的除法

四下：四则运算——→运算定律——→小数的意义和性质——→小数加减法

五上：小数乘法——→小数除法

五下：因数与倍数——→分数意义和性质——→分数加减法

六上：分数乘法——→分数除法——→负数——→百分数

六下：比和比例

②量的计量：

一下：欢乐购物街（认识人民币）

二上：长度单位（厘米、米）——→身体上的尺子

二下：时间单位（时间在哪里）

三上：质量单位（曹冲称象）

三上：毫米、分米、千米

三下：年月日的秘密

三下：面积单位（图形的面积）

五下：体积、容积单位——→度量衡的故事

③数量关系：

一下：数量间的加减关系

二下：数量间的乘除关系

四上：加法模型和乘法模型

四下：混合运算和运算律

（2）图形与几何领域

①图形的认识、图形的测量、图形的运动与变换：

一上：认识立体图形

一下：认识平面图形

二上：校园小导游

三上：观察物体——→线和角

三下：生活中的运动现象——→长方形和正方形——→图形的面积

四上：角的度量——→平行四边形和梯形——→寻找宝藏

四下：三角形

五上：观察简单组合体——→多边形的面积

五下：长方体和正方体——→度量衡的故事

六上：确定位置

六下：校园平面图

②统计与概率：

二下：分类与整理

三下：数据的收集与整理

四上：条形统计图

四下：平均数

五上：可能性

五下：折线统计图

六上：百分数

六下：扇形统计图

③综合与实践活动：

一上：数学游戏

一下：欢乐购物街（人民币）

二上：校园小导游（东南西北）、身体上的尺子

二下：时间在哪里？（时、分、秒）、数学连环画

三上：曹冲称象的故事（克、千克）、数字编码

三下：年月日的秘密

四上：1亿有多大；寻找宝藏（八个方向）

四下：制订旅行计划

五上：有趣的密铺

五下：度量衡的故事

六上：生活中的负数、体育中的数学、水是生命之源

六下：有趣的平衡、校园平面图、营养午餐

通过分领域的梳理，我们读通了小学阶段各领域知识编排的顺序，这为我们实施结构化教学提供了坚实的基础。在读通教材的基础上，我们进一步读懂学生，只有找到学生的认知发展区，把教学设置在学生最近发展区范围内，孩子们才能调用已有的知识和经验通过同化或者顺应的过程，把新知识纳入旧知的体系中，完成知识的结构化。

## 二、读懂学生，找到学习起点，实现因需而教

从 2001 年出版新课程标准实验稿，到 2011 年版课程标准，再到 2022 年版的课程标准，教改经历了 24 年，大多数老师在教学时都注意到，要把教学建立在学生的已有知识和经验基础之上，但实际上教师在进行教学设计时，往往是凭借自己的经验来分析教学的重难点，并根据自己确立的教学重难点进行教学设计，无法真正把学生的学习建立在"现实发展水平"之上，常常出现一种现象"有一种懂是老师觉得你懂，而有一种不懂是老师觉得你不懂"。只有做到"因需而教"，才能实现学生从"现实发展水平"到"潜在发展水平"的飞跃。

为了能真正地提升课堂的有效性，建构起结构化的教学体系，读懂学生就变得无比重要。我们的研究就落在了如何通过前测，读懂学生的学习起点，把学习建立在学生已有的认知水平之上，通过教学实现学生的发展，实现知识体系的建构。因此，我们在每一节课的课前，为学生精心准备了前测单，对学生进行前测，找准学习起点，实施课堂教学。下面就以五年级下册"图形的运动——旋转"一课为例，来谈谈如何利用前测，读懂学生，因需而教。

对于旋转运动，学生在二年级的时候就已经认识了，所以原教材在出示的几个图片（如图 3-6）风车、停车杆、荡秋千后追问：你还记得这是什么现

象吗？原意是想唤起学生的已有经验，但是学生的学情真的能为今天的学习服务吗？学生已有的经验到底有哪些呢？关于旋转又都有哪些认识？基于此，我们设计了如下前测单（如图 3-7）：

你还记得这是什么现象吗？

下面哪些物体是在做旋转运动？

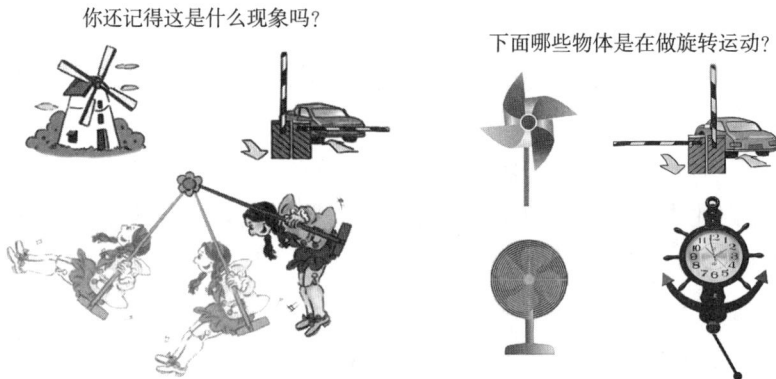

图 3-6　教材情境图　　　　　　　　图 3-7　前测题

五年（4）班前测结果统计表（共 54 人）

| 物体 | 认为是在做旋转运动的人数 | 认为不是在做旋转运动 | 正确率 |
|---|---|---|---|
| 风扇 | 52 | 2 | 96.3% |
| 风车 | 54 | 0 | 100% |
| 钟摆 | 8 | 46 | 14.8% |
| 车杆 | 2 | 52 | 3.7% |

图 3-8　前测结果

从前测结果看（如图 3-8），对于风扇、风车的运动全班几乎都知道是旋转运动，但是对于钟摆和车杆，大多数人认为不是，通过访谈了解到，认为不是的同学都觉得旋转一定要转 360 度。而钟摆和车杆这两个物体的旋转始终是处于顺时针和逆时针相互交替的过程，因而增加了他们判断上的难度，而认为是旋转的同学里也只有一个同学联系到四年级上册学习的"角的分类"中关于角的另一种描述："角可以看作是一条射线绕着端点从一个位置旋转到另一个位置所形成的图形。"再翻阅二年级的教材，我们会发现教材提供的实例都是绕一个点或者一个轴在做圆周运动，所以才造成了认知上的误区。基于对学生的这样分析，我们终于读懂了学生，看来什么样的运动才是旋转运动，旋转运动究竟有什么特点，是本节课教学的起点和难点，所以老师设计了两个关键问题：钟摆的摆动和停车场车杆的升起与下降是不是在做旋转运动？判断旋转运动的要素有哪些？师生围绕这两个关键问题，展开探索活动，有效地突出了重点，突破了学生的困惑和疑难，获得了很好的教学效果。这种基于"前测"的教学让教师的教和学生的学有了更强的针对性和时效性。如果每一节课教师都能及时抓住学生新知的生长点展开教学，把学生的学习建立在现有发展水平之上，让学生通过自主探索活动，在交流讨论过程中碰撞出智慧的火花，那么学生的数学思考、解决问题能力及情感态度等方面都将得到进一步的发展，就能真正实现课堂的高效和学生的高层次发展。

### 三、"瞻前顾后、承前启后"，用活教材，展开结构化教学

读通教材的编排顺序也就是纵向的知识体系和学生学情，我们对教材中单元知识之间的联系进行横向的解读，读懂单元教材前后知识之间的联系，通过纵向的知识体系中该知识与单元横向内容中该知识所处的位置（具体教材解读的方法见第二章第一节"深度解读教材为结构化教学提供思路"），就能用活教材实现瞻前顾后、承前启后的结构化课堂教学了。具体的策略如下。

#### 1. 巧妙整合例题实现结构化教学

教材在进行编排的过程中为了实现目标，对于某些知识点的教学，零散地设置了多个例题，作为教师，我们在教学中，可以巧妙地整合教材中的例题，把零散的知识串联成系统的结构化的知识进行教学，比如前面案例中提到的"除数不是整十数的除法"、"小数除法"等教学内容，都是通过整合例题，建立关联来实现结构化教学的。

#### 2. 巧妙调整教材的编排顺序实现结构化

小学的教材多以知识之间的关联作为编排的序，但是结构化的教学不仅

要关注知识之间的联系，也要关注数学思想方法之间的联系，因此我们在实施结构化教学的过程中，也可以根据思想方法之间的关联，调整教材编排的顺序，实现结构化的思维过程。比如前面案例中提到的"积的变化规律"与"商的变化规律"、"加法和乘法运算定律"等规律，探索的方法是一致的，所以可以通过调整教材编排的顺序，实现横向贯通，把具有"类"的特征的单元知识整合到一起进行教学，突显背后的共同的思想方法、思维方式，丰富学生对类结构特征知识内涵的整体认知和结构把握。

### 3. 巧妙调整增补教材内容实现结构化

教师在实施结构化教学的过程中，要关注知识之间的纵向联系，在学习的过程中可以对同类知识按内在逻辑组成由简单到复杂的结构链，通过内容的适当调整、增补将知识结构完善，使学生对知识间的纵向关联有清晰的认识，比如我们在学习体积单位的进率时，就可以从简单的长度单位、面积单位入手，帮助学生建立一维到二维，最后到三维（体积）之间的联系，从而实现长度、面积、体积单位进率之间的结构化系统。

### 4. 纵横融通打破单元或年段的界限实现结构化

人教版原教材的编排中存在割裂了联系密切的知识点的编排方式，教师应该在整体教学的视野下，策划结构链和结构块之间的关联，打破年级的界限，实现结构化整合。比如：六年级上册"比"和六年级下册"比例"两个就可以整合在一起进行教学，因为有比的地方必然存在比值相等的比，而比值相等的比就能组成比例。通过整合，就能纵横融通，实现知识和方法的结构化。

## 四、通过"复习与关联"形成系统的知识体系

人教版新教材，在每一个单元都安排了整理与复习的内容，在整理和复习中，逐步地帮助学生学会用知识图的方式整理本单元学习的内容，梳理单

元知识之间的联系；每一册的最后一个单元，还都设置了"复习与关联"的内容，通过复习与关联，实现把书读薄，建立知识之间的联系，形成系统的知识体系的目标。教师应该根据每一个学段学生的年龄特点，从扶到放，引导学生学会"复习与关联"。低年级老师可以慢慢扶着学生，让他们能根据单元所呈现的例题，回顾所学的知识点，再观察比较相同和相似的内容，形成联系，梳理出知识图；到了中高年级则可以放手让学生用自己喜欢的方式，对所学的知识进行整理，梳理出知识之间的联系，形成结构化的知识体系。

综上所述，我们在长期实践中，通过内容的结构性，思想方法的结构性逐步实现学生认知过程的结构性，最后达到学生思维的结构化。真正帮助学生建立能体现数学学科本质、对未来学习有支撑意义的结构化的数学知识体系，帮助学生学会用整体的、联系的、发展的眼光看问题，形成科学的思维习惯，发展核心素养。

# 第四章
# 数学思想统领下的结构化教学主张的提炼并形成

## 一、数学思想统领下的结构化教学概念界定

### 1. 数学思想

《新华词典》解释"思想"为："客观存在反映在人的意识中经过思维活动而产生的结果。"《中国大百科全书》认为，"思想"是相对于感性认识的理性认识成果。数学思想是指人们对数学内容的本质认识，是从某些具体数学认识过程中提炼出的一些观点，是能够揭示数学发展中普遍的规律，直接支配着数学实践活动以及对数学规律的理性认识。

### 2. 统领

《现代汉语规范词典》解释"统领"，作为动词为：统率领导；作为名词为：居统领地位的军官。在我们数学教学中，要起到提纲挈领的核心作用，领导我们的教学。

### 3. 结构化

《现代汉语规范词典》解释"结构"为："构成事物整体的各个部分及其搭配、组合的方式。"心理学认为结构化是指：将逐渐积累起来的知识加以归纳和整理，使之条理化，纲领化，做到纲举目张。课程内容结构化是指：按学生的学习发展逻辑将学科基础知识、基本技能和基本方法综合地、系统地

154

联系在一起。

### 4. 小学数学结构化学习

结构化教学法，也称系统教学法，就是根据儿童的学习特点，有组织、系统地安排学习环境、学习材料及学习程序，让儿童按照设计好的结构从中学习的一种教学方法。虽然最早它是关于自闭症和沟通障碍儿童的一种教学法，但是，让知识由碎片化形成整体化，让学习复杂化转向系统化，对于正常儿童的数学学习也是相当有帮助的。

### 5. 数学思想统领下的小学数学结构化教学

指运用数学基本思想方法对数学知识、技能、策略、学习方式等进行合理化整合的一种教学方式。这种教学方式可以帮助学生构建完整的、联系的、可发展的小学数学知识体系，能主动利用思想方法进行学习和迁移，并能利用思想方法解决问题，形成结构化、体系化的思维方式和能力素养，实现核心素养提升。

## 二、构建数学思想统领下的结构化教学的理论依据

### （一）主张提出的背景

#### 1. "双减"政策落地教学背景

2021 年 7 月 24 日，中共中央办公厅、国务院办公厅印发《关于进一步减轻义务教育阶段学生作业负担和校外培训负担的意见》。《意见》要求切实提升学校育人水平，持续规范校外培训（包括线上培训和线下培训），有效减轻义务教育阶段学生过重作业负担和校外培训负担。2021 年 12 月 21 日，教育部召开新闻发布会，介绍"我为群众办实事"实践活动总体情况和"双减"工作有关情况。教育部基础教育司司长吕玉刚介绍，在落实"双减"工作中，校内减负提质是根本之策。一手抓减负，一手抓提质，教育部指导学校强化"三个提高"：即提高作业管理水平，提高课后服务水平和提高课堂教学质量，

推动"双减"工作取得明显成效。"数学思想统领下的结构化教学"就是在"双减"提倡提高课堂教学质量的背景下，凝练出来的重在提高课堂教学质量的教学主张。

### 2. 核心素养导向教学背景

《义务教育数学课程标准（2022 年）》课程理念部分指出：确立核心素养导向的课程目标。核心素养是在数学学习过程中逐渐形成和发展的，不同学段发展水平不同，是制订课程目标的基本依据。不论是用数学的眼光观察现实世界中指出的，抽象出数学的研究对象及其属性，形成概念、关系与结构；还是用数学的思维思考现实世界中指出的，形成重论据、有条理、合乎逻辑的思维品质，培养科学态度与理性精神，都离不开数学思想的统领和结构化的整合，"数学思想统领下的结构化教学"教学主张的提出契合核心素养为导向的教学背景。

### 3. 大单元结构化教学背景

大单元教学是以单元为学习单位，依据学科课程标准，聚焦学科课程核心素养，围绕某一主题或活动（大概念、大任务、大项目），对教学内容进行整体思考、设计和组织实施的教学过程。大单元教学旨在促进教学内容的结构化，构建教学的整体意识，以实现"整体大于部分之和"，在提升教学效益、落实课程核心素养的同时，达成培养学生发展核心素养的目的。教师在开展大单元教学时，就要依照学科课程标准的要求和学科的核心素养来设计单元教学，还要进行内容分析，才能服务于单元课程目标及素养的形成。在大单元结构化教学背景下，依托一组性质相同、互相关联的内容，在数学思想统领下，体现学科重要概念、原理或思维方法进行结构化教学，能促进学生核心素养的形成。

### （二）主张提出的理论依据

### 1. 教育学心理学理论基础

"结构化"一词出于《教育心理学》，指将逐渐积累起来的知识加以归纳和整理，使之条理化、纲领化，做到纲举目张。知识是逐渐积累的，但在头脑中不应该是堆积的。心理学研究已发现，优生和差生的知识组织存在明显差异。优生头脑中的知识是有组织、系统的，知识点按层次排列，而且知识点之间有内在联系，具有结构层次性。而差生头脑中的知识则水平排列，是零散和孤立的。结构化对知识学习具有重要作用，因为当知识以一种层次网络结构的方式进行储存时，可以大大提高知识应用时的检索效率。

### 2.《义务教育数学课程标准（2022 年）》

《义务教育数学课程标准（2022 年）》在课程理念中提出，要"设计体现结构化特征的课程内容"，在课程内容选择上，要符合学生的认知规律，有助于学生理解、掌握数学的基础知识和基本技能，形成数学基本思想，积累数学基本活动经验，发展核心素养。在课程内容组织上，重点是对内容进行结构化整合，探索发展学生核心素养的路径。在课程内容呈现上，根据学生的年龄特征和认知规律，适当采取螺旋式的方式，适当体现选择性，逐渐拓展和加深课程内容，适应学生的发展需求。知识内容的结构化是显性的，教学中可以很容易看出，可是思想方法是隐藏在知识背后的，教学中不容易看出。如果我们潜心去研究，挖掘出知识背后的思想，以这个数学思想为统领进行组织教学，那么就自然而然形成了结构化的教学模式。

### 3. 专家研究成果

以江苏省的朱俊华、吴玉国等为代表的课题团队在研究中提炼了以下几个观点：数学知识是有结构的，知识的相互联系首先体现为知识的整体性，那么数学教学也是有结构的。结构化教学需要立足"类"的建构，把握数学知识之间的整体结构；还要观照"联"的统整，体现数学教学中的元素关联、活动关联和方法关联；也要聚焦"变"的实施，在变与不变的辨析中理解知识的本质内涵，主动建构知识，形成结构。以浙江省的王哲燕、段安阳教师为代表的课题团队在研究中提出以下几个观点：数学学习的主要任务在于发展学生思维力；学生数学思维力欠缺，追根溯源是学生数学学习过于关注一个个零散独立的知识点，缺乏知识的整体建构观念和能力；本文基于辩证唯物主义联系观，基于学为中心，引导学生结合数学自身特点学习整体的结构化数学，让学生自己"织网"，连点成链，织链成网，让学生经历比较辨析、归纳整理、聚合发散、融会贯通等深度思维过程，最终将知识与技能、思想与方法融为一体，感受数学的魅力。马云鹏教授和他的北京师范大学中国基础教育质量监测重大成果培育项目的研究团队在"基于《标准》的基础教育教材审查指标体系的建构：以数学学科为例"（编号：2020-03-036-BZPK01）的研究成果中提出：基于结构化主题的单元整体教学包含三个基本要素：基于结构化主题提炼核心概念，形成体现学科本质的系列单元；整体分析单元内容和学生学习，确立核心素养导向的学习目标；针对单元的关键内容，设计体现知识与方法的迁移的教学活动。

## 三、构建数学思想统领下的结构化教学的特点

### 1. 教学的整体性

数学思想统领下的结构化教学具有整体性。首先，数学思想统领下的结构化教学模式的教学目标具有整体性，即"三会"，重在培养学生的核心素养的整体性，让核心素养的培养结构化、系统化。其次，数学思想统领下的结构化教学模式的内容具有整体性，结构化的教学内容能从整体层面审视教学，让学生"浅入"数学课堂，易于学生整体学习和理解。最后，数学思想统领下的结构化教学模式的教学生态具有整体性，教学过程教师、学生和素材等诸要素之间的关系整体协调，以构建良好的学习生态，发挥整体学习氛围的作用。

### 2. 教学的一致性

数学思想统领下的结构化教学具有一致性。首先，数学思想统领下的结构化教学模式的数学思想具有一致性，不论抽象、推理，还是建模，在解决问题时，总是起着异曲同工的作用：借助它们来认识数学的本质，发现数学

的规律，进而解决数学的问题。其次，数学思想统领下的结构化教学模式的内容体系具有一致性，不论是数的认识、数的运算，还是图形的认识、统计与概率，同一领域、模块的内容，总有着一致的数学核心本质或者有着一条一致的主线贯穿其中。最后，数学思想统领下的结构化教学模式的育人目标是一致的，不论新授课、复习课、练习课、项目式课，都是以学生发展为本，注重学生的全面发展，以核心素养为导向，注重学生的学科核心素养的养成。

### 3. 教学的阶段性

数学思想统领下的结构化教学具有阶段性。这里的阶段性指，根据学生心理、认知水平和发展规律，数学思想的统领具有阶段性、教学内容的组织具有阶段性、结构化的程度也具有阶段性。首先，数学思想统领下的结构化教学模式的数学思想，从第一学段到第三学段，应当经历渗透、体会、感悟、应用的阶段性贯穿统领过程。其次，数学思想统领下的结构化教学模式的教学内容，从第一学段到第三学段，应当呈现从易到难、从简到繁、从形象到抽象阶段性的教学内容。最后，数学思想统领下的结构化教学模式的结构化，从第一学段到第三学段，应当经历简单的横向结构化、纵向结构化、横纵综合结构化的层层深入的阶段性过程。

### 4. 教学的发展性

数学思想统领下的结构化教学具有发展性。首先，数学思想统领下的结构化教学模式的教学内容具有发展性，正如课标所说：课程内容采取螺旋式的方式，适当体现选择性，逐渐拓展和加深课程内容，适应学生的发展需求。其次，数学思想统领下的结构化教学模式的思维意识具有发展性，学生在解决实际问题的时候，具备用数学思想结构化解决问题的经验，举一反三，解决新的问题。最后，数学思想统领下的结构化教学模式的核心素养具有发展性，能系统地运用数学眼光、数学思维、数学语言去发现、理解、表达数学的本质和规律，形成良性循环，不断发展。

## 四、构建数学思想统领下的结构化教学的主要特质

### 1. 知识技能结构化

知识结构化的例子大家一定耳熟能详，相较于知识的结构化，技能的结构化却更容易让人忽视。正如托·富勒的名言："技能强于力量。"四基中的技能也是不可忽视的一个重要能力。一些重要技能是执行和支撑数学学习的筋骨，只有扎实了这些基本技能，才能让数学在真正的实践中活起来。因此，我们的教学不仅要重视技能，还要在数学思想的统领下将技能结构化，让技能也形成一种体系和结构，成为"渔"，才能受益终身。

例如四年级下册"三角形的高"一课，关于高的画法，一直是一个难点，尤其是直角三角形的直角边的转化和理解，钝角三角形的形外高这两个更是难上加难，学生常常一头雾水。笔者认为，这是学生没有在迁移、转化的数学思想统领下将画高和画垂线段的技能关联形成结构体系而产生的问题。因此，笔者在复习引入阶段就让学生回顾过一点做已知直线的垂线的技能，并简单操作。接着在了解高的概念之后，学生能很自然地运用数学思想，将画高迁移到从一点作已知直线的垂线段的问题上，其实只要把顶点看作原来的点，把底看作已知直线，画高就是画垂线段。这样，就能把新的问题转化成旧的已经掌握的技能，让画高不再成为一个独立的新问题和新技能，而是原来画垂线段的技能延伸和发展。学生在将画垂线段和画高技能结构化的同时，进一步触类旁通，形成更大的技能体系，学会理性变通地用已有技能体系对待新挑战，为后续的学习乃至培养科学精神奠定坚实的基础。

### 2. 过程方法结构化

几何直观，是小学数学学科核心素养体现之一，也是将数与形有效结合的一种数学思想方法，更是一种结构化的探究过程模式。在运用几何直观、数形结合的结构化模式的探究过程中，图形能够直观地表示出数的含义以及数与数之间的关系，让学生直观形象地去理解数和关系式中的原理和本质。

同样，数和式子能将图形用理性的思维和语言简洁地表达，很好地诠释图形的内涵。这就如华罗庚的名言：数缺形时少直观，形少数时难入微。有了数学思想统领的探究过程，让学生经历结构化的过程，就积累丰富的结构化活动经验，提升科学素养。

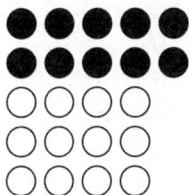
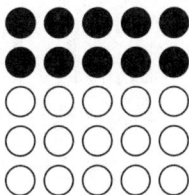
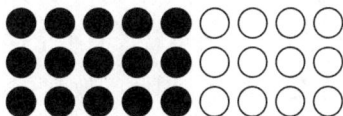

图 4-1　　　　　　　　图 4-2　　　　　　　　　　　图 4-3

例如四年级下册"乘法分配律"一课，笔者用点子图这个纯数学情境，单刀直入地以数形结合数学思想为统领开展几何直观的结构化教学。一来避免生活情境向数学本质模型的转化困难，二来用几何直观结构化模型帮助理解乘法分配律的本质——几个几。先出示图 4-1，求总数，学生自主列综合算式：$5×2+4×3$。再出示图 4-2，求总数，学生列出两种综合式：$5×2+5×3$ 和 $5×(2+3)$。接着再出示图 4-3，求总数，学生列出 $5×3+4×3$ 和 $(5+4)×3$。接着，学生通过图形能够解释和理解算式，使得"几个几"的认知结构化：第一幅图，黑棋每行 5 个，有 2 行，可以表示为 2 个 5；白棋每行 4 个，有 3 行，可以表示为 3 个 4。第二幅图，黑棋每行 5 个，有 2 行，黑棋共 2 个 5，白棋每行 5 个，有 3 行，白棋共 3 个 5。而整体看，每行 5 个，一共 5 行，所以有（$3+2$）个 5。第三幅图，黑棋每列 3 个，有 5 列，黑棋 5 个 3，白棋每列 3 个，有 4 列，白棋 4 个 3。而整体看，也自然形成（$5+4$）个 3 的想法。用点子图很好地解释和表征了乘法分配律中的各个数的含义，也从几个几的含义上关联了两个综合式之间相等的关系。在这个结构化的过程中，孩子们充分体验到几何直观带来的方便和优势，数和图相结合结构化的经验和经历肯定会为今后的学习提供支持和基础，成为一种结构化的学习过程方法，多次运用后，会形成一种理性思维方式，提高学会学习的能力和素养。

### 3. 策略意识结构化

有专家提出应该在"教无定法、贵在得法"之前加一句"教有常法"。即使教无定法，但是教学还是要讲究常规方法的，而且还是教无定法、贵在得法的前提。这里的教学常规方法也就是我们常说的教学策略，这些教学策略不能违背了教育学、心理学规律，也不能违背孩子们的学习认知规律，否则"无定法"的教学就没有了依据和框架，一盘散沙，美其名曰教无定法，其实违背教学规律。因此，教学一定要注重以数学思想为统领形成教学策略的结构化，让策略结构化成为常态模式，在这样的教学生态下，才能在不偏离教育规律，发挥教师和学生的创造性，培养科学精神。

例如四年级下册"三角形"这一单元"三角形三边关系"一课，以模型思想为统领，让学生先猜想三边的关系，然后经历大量的动手实践操作进行验证，最终得到规律和结论。再怎么变化多端的教法，都离不开这个结构化的科学研究策略。学生通过这个结构化的研究策略模式，经历科学探究的过程，感受到科学探究的严谨性，为今后的学习和科学研究打下坚实的基础。无独有偶，"三角形内角和"一课，也是万变不离其宗，也是从学生的猜想，甚至是从家长、书籍得到的结论开始，通过量、拼、折、画等各种手段对这个猜想或结论进行验证，最终得到论证，肯定猜想或结论。这又是一次构建探究策略模型的经历，又一次让学生经历科学家们的探究过程，形成探究策略的结构化，培养科学精神。同单元的"多边形内角和"亦是如此。可见，数学思想统领下的策略的结构化，能让孩子们在探究解决一系列数学问题的时候，找到优化科学的方法和策略，并不断培养科学精神。

### 4. 核心素养结构化

新课程提出教学时注重知识的结构化、整合化，防止知识的孤立化、片面化，是将知识转化为核心素养的基本要求。结构化的教学，知识结构化固然重要，但更为关键的是核心素养结构化、体系化。以数学思想为统领，从高观点全面地去关注核心素养的培养，才能让核心素养的培养具有整体性、一致性、阶段性和发展性。在数学思想统领下的结构化教学中，始终以整体、一致、结构化的核心素养为导向，根据学生的发展和认知规律，设计阶段性、发展性的培养目标，真正达到："心往一处想，力往一处使"的教学效果。

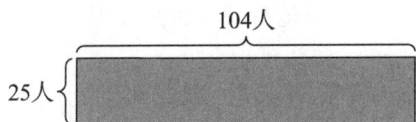

图 4-4

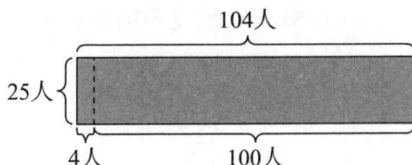

图 4-5

在四年级下册"乘法分配律"一课的最后，笔者设计了如下结构化的环节：先出示图 4-4，求一共多少人，绝大部分学生都是列竖式解决。但是个别学生上台借助数形结合的数学思想，先用数学眼光观察出 104 分解成 4＋100，然后运用数学思维和数学的语言转化成乘法分配律来解决问题，体现了素养在数学思想统

$$
\begin{array}{r}
25 \\
\times\,104 \\
\hline
100 \quad\cdots\cdots 4个25\\
25\phantom{00} \quad\cdots\cdots 100个25\\
\hline
2600 \quad\cdots\cdots 104个25
\end{array}
$$

图 4-6

领下的结构化。不仅仅如此，笔者出示竖式追问：难道竖式计算 25 乘 104 的孩子就没有用到乘法分配律吗？许多学生以数形集合、转化的数学思想为统领，用数学的眼光观察、数学思维思考、数学的语言表达，豁然开朗地说出如图 4-6 的含义：第一层的积是 4 个 25，第二层的积是 100 个 25，最后把 4 个 25 加上 100 个 25，就是 104 个 25，领悟到这个竖式的过程也是运用乘法分配律。通过核心素养的结构化探究过程，学生们欣喜地体会到原来多位数的整数乘法一直在用乘法分配律，其实今天学的乘法分配律并不陌生，只不过当初没有说明而已。学生们在数学思想的统领下，将知识打通，形成体系结构，更加深刻地体会了乘法分配律的本质和运用，让乘法分配律结构化，既提高了学习兴趣，又降低了难度，更为关键的是将核心素养的培养和运用形成体系结构。借此，学生能渐渐形成运用整体结构去学习的方式和能力，慢慢地学会学习，提升素养。

## 五、构建数学思想统领下的结构化教学的实施策略

### 1. 以数学思想促观察角度结构化

《义务教育数学课程标准（2022 年）》指出：通过对现实世界中基本数量关系与空间形式的观察，学生能够在生活实践和其他学科中发现基本的数学研究对象及其所表达的事物之间简单的联系与规律。特别是在数学思想的统领下，观察现实世界的眼光和角度更具有条理性和逻辑性，不仅能培养学生观察、判断、思考的数学学习意识和习惯，还能激发理性思维的发展，培养核心素养。

例如分布在各册"图形的认识"的内容，就是典型的例子。"认识线段"先培养学生从局部到整体的观察意识：点是如何运动成线的？特殊的点在哪？再培养特征的观察：线段可以测量长度，如何测量？到了平面图形的认识一系列课，也是先从部分到整体的观察：线是如何运动成面？或者围成面的？再培养特征的观察：平面图形除了可以研究线，还可以研究什么？学生学会观察角和面。有了分类的思想后，再进一步思考：线研究什么？数量、位置和长短。角研究什么？数量和大小。面呢？形状和大小。有了这样的经验，再运用迁移、转化、分类的数学思想，研究立体图形时，学生就能结构化地进行观察：先分类观察点、线、面、体，再深入观察点的数量，线的数量、位置和长短，面的数量、位置、形状和大小，体的形状和大小。在数学思想统领下，学生观察角度和方式结构化，为思维、探究、表达的结构化奠定基础。

### 2. 以数学思想促思维方式结构化

"数学是思维的体操。"用培根这句话来说明数学思维的重要性再合适不过了。数学思维是学习数学的灵魂，没有了数学思维，任何的数学活动都是空洞、没有价值的。因此，培养数学思维，尤其是具有结构化的数学思维，才是数学教育的目标之一。在数学思想统领下，数学思维才能够形成结构化。

有了结构化数学思维的教学，学生会理性整体地看待数学问题、学生会运用数学思维方式解决数学问题、学生会在数学世界里用数学思维进行创造、学生会在培养和形成科学精神过程中"品"数学。

　　例如四年级下册"三角形三边关系"一课，课一开始，为了让学生感受两点之间线段最短，笔者出示了两地之间的 4 条路线，如图 4-7，问：4 条路让你们选，选哪条？学生自然说第 3 条。追问为什么，你能和同伴说一说道理吗？汇报以转化数学思想为统领，抓住"拉直"一

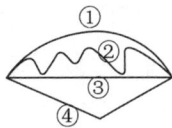

图 4-7

词，将这里的四条线看作毛线，要比谁长谁短，需要拉直。第 3 条已经拉最直了，其他几条还能拉直，拉直后一定比第 3 条长。通过毛线拉直形象直观地比喻，学生感受到了化曲为直的转化思想，把不好比较的曲线转化为直线就能比较了。这样思维不再是直觉感受了，而是有根据、有结构的数学思维和科学判断。接着通过实践操作验证了三边关系的结论之后，再一次把三边关系转化回两点之间距离的问题：出示原来的图，去掉上面两条曲线，留下一个"三角形"，让学生用两点之间线段最短来证明任意两边和大于第三边。学生通过 $AB$，$BC$，$AC$ 三次的证明，再一次感受转化思想的乐趣和奥妙。这不仅训练了学生转化思想的理性思维，还让思维整体化、结构化，培养了科学精神和学科素养。还有"多边形内角和"一课的转化思想，"三角形分类"一课的分类思想等等，都使得学生的思维结构化。

### 3. 以数学思想促探究形式结构化

　　分类对比、符号化、模型思想等，既是数学思想，也是提高学生对知识联系辨析、探究本质的结构化探究的形式和途径。在数学思想统领下的结构化探究过程中，学生学会通过观察对比发现不同类型之间的区别和联系，接着通过分类讨论进行有序地分析，进而通过分析判断发现内在的数学规律，再将规律抽象成数学模型，追其根源探其本质，最终形成结构化的探究形式模型，促进学生学科核心素养的形成。

　　例如四年级下册"乘法分配律"一课，笔者让学生结合图（如上图 4-1、

图 4-2、图 4-3）进行分类对比：为什么第二幅图和第三幅图有两种列式？而第一幅图只有一种列式？结合图像，分类对比发现第二幅和第三幅图要么每行的个数相等，要么每列的个数相等，正因为这两幅图有这样相同的特征，才能将图形进行转化，整体看作每行 5 个，共 5 行和整体看作每列 3 个，共 9 列，才会分别有两个算式。但是，对比第一幅图，它既没有每行一样的个数，也没有每列一样的个数，所以只有一种列式。有图形的分类对比，自然也能进行算式的分类对比：第二幅图两个算式有什么特点？第三幅呢？第一幅图的算式有这个特点吗？通过对比，找到二三组算式有共同因数，而第一个算式找不到共同因数，学生们通过对比从现象到本质发现算式的规律。接着让发现的规律结构化：你用喜欢的方式表示出这个规律。促进学生用符号化思想抽象出数学模型，学会分类对比，发现相同点和不同点，找到数学本质规律，并将规律抽象成数学模型，甚至是思维模型，让学习形式化、结构化，这才是真正学会学习数学，真正进入数学世界。

### 4. 以数学思想促表达逻辑结构化

要将数学思想显性化地表达出来，数学语言是重要的途径和工具。要将数学有序、严谨地表达出来，广泛合理地应用到生活中，数学语言需要结构化。不论是文字的、数字的、符号的、图形的、口头的……这些数学语言都要注重逻辑的结构化，才能准确地表征或表象数学思想和数学本质。

例如二年级上册"认识钟表"一课，课堂上学生要表达为什么这时钟面是 3 时，那就得说："分针指向 12，时针指向 3，就是 3 时。"这样，用从分针条件、到时针条件、再到结论的结构化的数学语言来表达。这样结构化的表达，才能体现先看分针，再看时针的有序的结构化数学思想，进而培养学生的数学思维。再如五年级下册的"找次品"一课，学生要表达清楚几次一定找出次品，用简洁的天平图系统、结构化地呈现，就能让分类讨论的数学思想简明扼要地跃然于纸上，让复杂的数学清晰化、简单化、结构化，有利于学生理性思维和核心素养的养成。

## 六、构建数学思想统领下的结构化教学的教学主张操作说明

### 1. 以"问题"为契机——构建平台

爱因斯坦指出：提出问题比解决问题更重要。构建以数学思想为统领的结构化教学模式，离不开核心问题。以核心问题为契机和出发点，以数学思想为统领，构建探究平台，才能启发和引导学生运用数学思想根据问题进行结构化的思考、探究、分析、判断、表达，进而促进课堂、课程、教学结构化。

例如四年级下册"运算律"这一单元，笔者将加法结合律和乘法结合律进行结构化整合教学。借助线段图，运用数形集合、符号化的数学思想，教学了加法交换律后，启发学生进行猜想：看到加法有交换律，又引发了你怎样的猜想？这个核心问题激发了学生的探究欲望以及结构化迁移学习的思路。学生自发地问：那么减法、乘法、除法有没有交换律？学生展开探究后发现减法和除法没有交换律，但乘法有交换律，并说清其中的道理。然后运用转化的数学思想，找到了加法与乘法之间的关联：乘法是特殊加法的简便写法，乘法和加法有密切的联系，因此，加法有的定律乘法也可能有。最后进行探究，发现规律，验证后得到乘法交换律。这里，核心问题为教学构建了一个探究和创造的平台，它起着至关重要的作用，不仅启发学生用迁移转化的数学思想进行学习探究，而且还能让学生自发地将知识进行结构化，形成关联的体系。

### 2. 以"思想"为统领——引领核心

《义务教育数学课程标准（2022年）》课程内容部分指出：数与代数、图形与几何、统计与概率以数学核心内容和基本思想为主线循序渐进。可见，基本思想是内容呈现的主线及核心。因此，构建以数学思想为统领的结构化教学模式，引领核心就是数学思想，它是贯穿整个教学内容和教学过程的主线。

例如五年级下"分数的意义与性质"这一单元，笔者始终将转化的数学思想为主线贯穿其中，引导学生将新的分数知识与旧的整数和小数相关知识进行对比和关联，进而将知识体系结构化。"分数的意义"一课，笔者重视分数的产生这一重要知识，它正是分数意义学习中思维结构化的起点和重点。教学先通过预学单的任务，激发学生自主搜集资料，让学生了解分数的产生，感受分数在古代生产生活中产生的原因和必要性。学生初步感知后，思维有了生长点。教师在课堂教学中借助迁移、类比的数学思想，从已有知识——整数计数单位"1"入手，学生自然就能体会分数计数单位的产生是根据测量和精确度的需要，将整数的计数单位"1"不断平均分细化得到的，这样自然就能够理解最大分数单位是 $\frac{1}{2}$，而 $\frac{1}{3}$ 次之的道理，将分数计数单位和整数计数单位纳入一个体系，形成结构化。接着再进一步理解分数意义中的单位"1"的本质就是整数计数单位"1"，运用数学思想形成对应，贯穿整个知识体系。后续其他内容的学习都是运用迁移、类比的数学思想将分数单位及几个分数单位与整数、小数的计数单位及几个计数单位关联形成结构化的体系，让分数和整数联系起来，促进学生思维结构化、课程结构化、教学结构化。

### 3. 以"结构"为表征——实践体系

《义务教育数学课程标准（2022 年）》在教学理念部分指出：数学课程内容是实现课程目标的重要载体。课程内容组织，重点是对内容进行结构化整合，探索发展学生核心素养的路径。因此，如果能够将课程内容结构化，让学生在实践、应用的过程中，以结构化的观察眼光来发现问题、用结构化的逻辑思维来分析问题、用结构化的数学语言来表达解决问题的过程与结果，就能促进学生的全面发展和素养的提升。

例如四年级上册"角的度量"一课，不仅仅教学角的测量，也将之前的长度、面积的测量与现在的角的测量形成结构体系，找到测量本质，解决所有的测量问题。课堂伊始，教师通过迁移、类比的数学思想对之前长度、面积的测量进行回顾，归纳出计量单位累加的测量本质。进而运用迁移转化的思想，把圆平均分成若干份来创造度量角的单位，并将角的基本度量单位排列在测量工具上，形成量角器。类比多种量角器，优化后，运用计量单位累加的测量本质原理进行测量。在数学思想统领下，教师引导学生经历回顾、思考、创造、实践的过程，将测量这一领域内容和操作进行结构化表征，形成体系化的实践操作，便于学生从高处整体理解和掌握测量的知识与技能，同时培养今后进一步学习测量的思维和能力。

# 后　记

　　二十八年的时光，仿佛一瞬间，却又漫长到足以让我从一名普通教师慢慢蜕变并走上行政岗位。这段旅程中，我见证了数学教育的多次变革，也深刻体会到教育不仅仅是知识的传递，更是思维的启迪、人格的塑造和未来的奠基。

　　刚踏上讲台时，数学教学还停留在"双基"阶段——注重基础知识和基本技能的传授。那时的课堂，更多的是教师讲、学生听，知识点被分割成一个个孤立的模块，学生学得辛苦，教师教得也不轻松。随着义务教育数学课程标准的不断更新，数学教育逐渐从"双基"走向"四基"，增加了基本思想和基本活动经验的要求。这一变化让我意识到，数学教学不仅仅是教会学生解题，更要教会他们思考。在教学中，我开始尝试将数学思想融入课堂。通过这样的方式，学生不仅学会了知识，更学会了用数学的眼光看待问题。这种教学方式的转变，让我感受到数学思想的魅力，也让我开始思考如何让数学教学更加系统化、结构化。

　　2022年版的《义务教育数学课程标准》明确提出，数学教育要以核心素养为导向，注重课程内容的结构化设计。这一理念与我的教学主张不谋而合。在我看来，结构化教学不仅是实现"四基"和"四能"的重要途径，更是培养学生数学核心素养的关键。基于这一理念，我与团队教师从教材研读入手，结合学生的学情，设计了一系列结构化教学方案。在实践过程中，我发现结构化教学不仅让学生的学习更加高效，也让教师的教学更加轻松。因为知识不再是孤立的点，而是有机的整体，教师可以更好地把握教学的重点和难点，学生也能更轻松地理解知识的来龙去脉。

　　如今，我已经从一名普通教师成长为对教学有一定思考的骨干教师并担任学校行政管理工作。角色的转变让我意识到，教学主张不仅关乎课堂，更关乎整个学校的发展。在行政管理中，我始终坚持以教学为中心，以素养为导向，将我的教学主张融入学校管理的方方面面。我也积极推动信息技术的应用。我们引入了智慧校园系统，用数字赋能教育，实现了教学、管理、评价的全流程数字化。通过大数据分析，我们可以实时了解学生的学习情况，及时调整教学策略。同时，我们还利用在线学习平台，为学生提供丰富的学习资源和自主学习的机会。信息技术的应用，不仅提高了教学的效率，还为学生的个性化学习提供了有力支持。未来的教育，将不仅仅是知识的传授，更是能力的培养与人格的塑造，它将更加注重学生的核心素养培养、更加注重学生的个性化发展、更加注重技术与人文的结合。我希望，我们的学校能够成为每一个学生成长的乐园，让他们在这里不仅学到知识，更学会思考、学会合作、学会创新。

在这本书的写作过程中，我深刻感受到信息技术对教育教学的赋能。随着信息技术的飞速发展，教育的方式与手段也在发生着翻天覆地的变化。从传统的黑板粉笔，到如今的多媒体教学、在线课堂、人工智能 AI 辅助教学，信息技术不仅丰富了教学资源，还极大地提升了教学的效率与效果。

展望未来，我坚信，信息技术将深刻改变教育的面貌。作为教育工作者，我们不仅要紧跟时代的步伐，积极拥抱新技术，更要在技术与教育的融合中，坚守教育的本质，始终以学生的全面发展为核心。未来的数学教学，将更加注重学生的个性化学习需求，信息技术将为我们提供更加精准的教学工具与数据分析，帮助我们更好地了解每一个学生的学习特点，因材施教，真正做到"以学生为中心"。

教育之路，道阻且长，行则将至。二十八年的教育生涯，让我深刻体会到教育的力量与责任。作为一名教师，我始终坚守教育的初心；作为一名行政管理人员，我努力为学校的发展与学生的成长贡献力量。这本书不仅是我个人教学主张的总结，更是我对未来教育的思考与期待。

最后，我要感谢我的团队老师以及所有支持我的人，正是有了你们的支持与帮助，我才能在教育的道路上不断前行，不断探索。未来的教育，充满了无限的可能与挑战，但我坚信，只要我们坚守初心，勇于创新，教育的明天一定会更加美好。希望这本书能够为更多的教育工作者提供一些启发与思考，也希望我们能够共同携手，为未来的教育事业贡献更多的智慧与力量。

张立铄

2025 年 3 月